U0879035

应用行为分析视觉语言

The ABA Visual Language

Applied Behavior Analysis

Makoto Shibutani（M.A., BCBA）　原著

马凌冬（M.S., BCBA）　蔡珊珊［Ph.D.（Biology）, BCaBA］　译

北京大学医学出版社

YINGYONG XINGWEI FENXI SHIJUE YUYAN

图书在版编目（CIP）数据

应用行为分析视觉语言 /（日）涩谷诚原著；马凌冬，
蔡珊珊译. —北京：北京大学医学出版社，2022. 9
书名原文：The ABA Visual Language：Applied Behavior Analysis
ISBN 978-7-5659-2575-7

Ⅰ. ①应… Ⅱ. ①涩… ②马… ③蔡… Ⅲ. ①孤独症 - 儿童教育 - 特殊教育 Ⅳ. ① G766

中国版本图书馆 CIP 数据核字（2022）第 054629 号

北京市版权局著作权合同登记号：图字：01-2021-0450

The original English language work:
The ABA Visual Language：Applied Behavior Analysis
By Makoto Shibutani
ISBN 9781543143089
Copyright © 2017 by RhinoBook

Simplified Chinese translation Copyright © 2022 by Peking University Medical Press.
All Rights Reserved.

应用行为分析视觉语言

译：马凌冬　蔡珊珊
出版发行：北京大学医学出版社
地　　址：（100191）北京市海淀区学院路 38 号　北京大学医学部院内
电　　话：发行部　010-82802230；图书邮购　010-82802495
网　　址：http：//www.pumpress.com.cn
E - mail：booksale@bjmu.edu.cn
印　　刷：北京溢漾印刷有限公司
经　　销：新华书店
策划编辑：药　蓉
责任编辑：陈　然　娄新琳　　**责任校对**：靳新强　　**责任印制**：李　啸
开　　本：710 mm × 1000 mm　1/16　**印张**：9　**字数**：128 千字
版　　次：2022 年 9 月第 1 版　2022 年 9 月第 1 次印刷
书　　号：ISBN 978-7-5659-2575-7
定　　价：55.00 元
版权所有，违者必究
（凡属质量问题请与本社发行部联系退换）

译者的话

大家都知道《应用行为分析》（*Applied Behavior Analysis*）这本书，俗称“白皮书”，在我们这一行的重要性可以说跟圣经差不多，但是不太好懂。我自己的经历是，开始先被英文版折磨了几年，后来中文版出来了，兴高采烈地买了两本带到美国，结果发现中文版也挺难懂，当时感觉挺崩溃。我记得还请了外行的朋友来“试读”。我先请了一位做动画的美国朋友读英文版，她看了一会儿，耸了耸肩：“不太明白，太专业了。啊，这是你考试的教材？我真为你感到难过。”随后，我又请了一位中国朋友来帮着读中文版。他是学金融的博士。博士看了半页，懵懂地说：“每个字我都认得，但连在一起就看不懂了。”这样看来，应用行为分析的初学者，面对排山倒海而来的术语，暂时产生自我怀疑，是很正常的，这无关中文还是英文，无关我们的阅读理解能力。读者要想弄明白，就要拿出时间，一个术语接一个术语地学。

在集中学习如此大量的术语时，如果有些辅助，那就太好了。上学的时候，老师要求我们做术语闪卡，在每张闪卡的正面写上术语名词，背面写上解释和举例。这确实有些帮助，但我总觉得辅助的程度不太够，如果加上视觉图画和一些大白话的解释，那就更好了。但这种辅助去哪里找呢？几年前的一个圣诞节，在信箱里一大堆花花绿绿的广告中，我看到了 Makoto 寄来的一个包裹，里面是给孩子们的圣诞节礼物，也有给我的一份礼物。这份礼物是他在 2017 年出版的一本书，名为《应用行为分析视觉语言》。记得以前 Makoto 教我家老大时就说过，要是有时间，他很想把白皮书中的重点术语逐个给画出来。我当时还跟他开玩笑："你要把白皮书变小人书吗？我先预定几本。"难道这本书真的完成了？我迫不及待地开始读，刚读完前言，Makoto 的实话实说、不装不端的风格已经跃然纸上，让我觉得很亲切。他作为一名视觉学习者，一直希望利用自己的独特经历，也就是行为分析师（Board Certified Behavior Analyst，BCBA）兼职业插画师，把应用行为分析（applied behavior analysis，ABA）难懂的术语通过插画形式表现出来，介绍给广大学员和家长朋友们。作为一名 BCBA 主管，一名两个孩子的父亲，Makoto 上班要督导几十个案例，下班还要带娃、做家务、遛狗，居然在百忙之中把这本书完成了。超强的执行力让我佩服！

这本书用 100 多页的篇幅，通过图文并茂的形式解释了很多 ABA 专业名词。比如 3 种制约动机操作、9 种观察者间一致性的算法、7 种复合强化计划表。这真是太棒了！此书一经出版，就在美国的亚马逊上获得了不少好评：

"书中的图画帮助家长们更清楚地了解孩子的干预程序。"

"我的教授在课堂上推荐了这本书，它用大家都能理解的方式解释了 ABA 术语。正如书名所说，书里有许多图画。虽然图画全是黑白的，但很有效！这本书的封面很精致，像一本字典。我很喜欢把它带在身边，要是能有 Kindle 版本就更好了。"

“我很喜欢这本书，书中用很多图片来描述 ABA 术语。我不久就要参加 BCBA 考试，这本书帮助我理解那些我还不太清楚的概念。”

“很好的资源！我正在准备 BCBA 考试，发现这本书提供的视觉效果很有帮助。对于我培训员工和家长来说，也是一本很好的参考书。”

“这本书简洁又直观，无论是应用行为分析的新学生还是老学生，都值得阅读。”

《应用行为分析视觉语言》是我收到的最好的一份圣诞礼物。非常希望本书的中文版能够作为一个辅助工具，帮助广大学员和家长朋友们更好地理解 ABA 术语。如果您也偏重视觉学习，并正为面对一大堆术语而感到无奈，那么这本《应用行为分析视觉语言》可以作为学习“白皮书”的一种直观的有效补充，您不妨试试。

马凌冬

2021 年 5 月于美国洛杉矶

注：本书的翻译工作得到蔡珊珊老师的大力协助。蔡珊珊，副行为分析师（Board Certified Assistant Behavior Analyst，BCaBA），1984 年出生，安徽淮北人。博士毕业于中国科学技术大学，现就职于安徽医科大学。本书得到安徽医科大学博士科研基金（项目编号：XJ202018）的资助。

原著前言

从小我就是一名视觉学习者。上历史课时，我画历史事件；上地理课时，我绘制地图，画不同国家的传统服饰和食品。有的老师曾在课堂上冲我大喊，让我不要再画了。但我就是这样，我靠视觉来记忆。

当我开始学习应用行为分析（ABA）时，ABA 的术语对我来说就像外语一样。我想把 ABA 的术语和原理变得可视化，于是我开始像以前一样试着画画。这种学习方法也帮我通过了行为分析师（BCBA）考试。然后我想，教儿童技能的时候，我们也经常使用视觉提示，我不应该是唯一的视觉学习者吧？在 2014 年，我决定撰写这本《应用行为分析视觉语言》，总共花了 3 年多时间才完成。我试着给每一个 ABA 术语配上图像示例。可能有人会说，这对描述专业术语来说是不够的，但我希望用最简单的方法让读者对这些术语一目了然。可能还有人会说，这本书没有包括所有 ABA 术语。在我自己学习 ABA 并撰写此书的过程中，我发现 ABA 术语实在太多了，我不可能在这本书中全部包括（我也必须承认，我没有能力用图像来解释所有术语），所以我选择了我认为对 ABA 从业人员最重要的一些术语。鉴于以上原因，这本书应该当做其他 ABA 读物的补充。

这本书的目的是帮助正在学习 ABA 的学生、ABA 的从业人员、正在养育患有孤独症或其他相关障碍儿童的家长们，以及其他任何有兴趣学习 ABA 的人。书的最后部分包括了一个技能计划清单。这个清单可以帮助识别儿童现有的技能水平，并根据他的年龄，设定在语言、沟通、社交、游戏、安全、生活自理和运动技能各方面的目标。我希望您喜欢阅读此书，也希望这本书能帮您理解 ABA 术语，能让您更好地支持儿童和成年人，帮助他们创建美好的未来。

Makoto Shibutani

目　　录

科学的态度
Attitudes of Science

沃利和苏拉特（Whaley et al.，1967）曾与心理学专业的学生讨论过科学的态度。斯金纳（Skinner，1953）也强调了理解科学态度的重要性。库珀、赫仑和海沃德（Cooper et al.，2006）在他们名为《应用行为分析》的书中描述了6种科学的态度，包括：

- **决定论（determinism）**
- **实证论（empiricism）**
- **实验法（experimentation）**
- **简约法则（parsimony）**
- **哲学存疑（philosophic doubt）**
- **复制（replication）**

1. 决定论　Determinism

世间万物都有一个可预测的、特定的因果关系。没有事情发生在宇宙规律之外。

2. 实证论　Empiricism

研究是建立在客观观察的基础上的。研究中不应该有主观的、偏见的、固执己见的或情绪的影响。

3. 实验法　Experimentation

科学至少需要两种不同的条件，来比较一个主题的效果。

4. 简约法则　Parsimony

以最简单的形式来解释科学研究中的发现。

5. 哲学存疑　Philosophic Doubt

科学发现并不是绝对的。即使已有了结论，科学家也必须不断质疑并继续研究真相。

6. 复制　Replication

重复实验增加了科研结果的可靠性。

ABA的维度
Dimensions of ABA

贝尔、沃尔夫和里斯利（Baer et al.，1968）在《应用行为分析杂志》中引入了ABA 的 7 个维度。在《应用行为分析杂志》中引入了 ABA 的 7 个维度。这些维度已被许多行为分析师认可，并被当做 ABA 的核心价值。这 7 个维度分别是：

- **分析的（analytic）**
- **应用的（applied）**
- **行为的（behavioral）**
- **概念系统化的（conceptually systematic）**
- **有效的（effective）**
- **泛化性（generality）**
- **技术的（technological）**

1. 分析的　Analytic

在分析行为时，必须找到行为和环境之间的功能关系，这样才能控制行为。

2. 应用的　Applied

必须选择一种对个体有重要性的行为，此行为会改善个体的生活。

3. 行为的　Behavioral

行为必须是可观察和可测量的。它必须被明确定义，这样其他人才可以观察到相同的行为。

4. 概念系统化的　Conceptually Systematic

干预措施和结论必须以 ABA 原则为基础。

5. 有效的　Effective

干预必须为个体带来有重要意义的积极改变。

6. 泛化性　Generality

所教的行为必须能在不同的环境和情况下延续并执行。

7. 技术的　Technological

必须详细描述干预措施，使每个人都能以相同的方法执行。

操作型行为
Operant Behavior

操作型行为是指通过过去的后果来学习的行为，又称为**后效塑造行为**（**contingency-shaped behavior**）。

随着时间的推移，一个行为被后果强化或消退时，就会建立**操作制约**（**operant conditioning**）。

操作制约的**举例**：

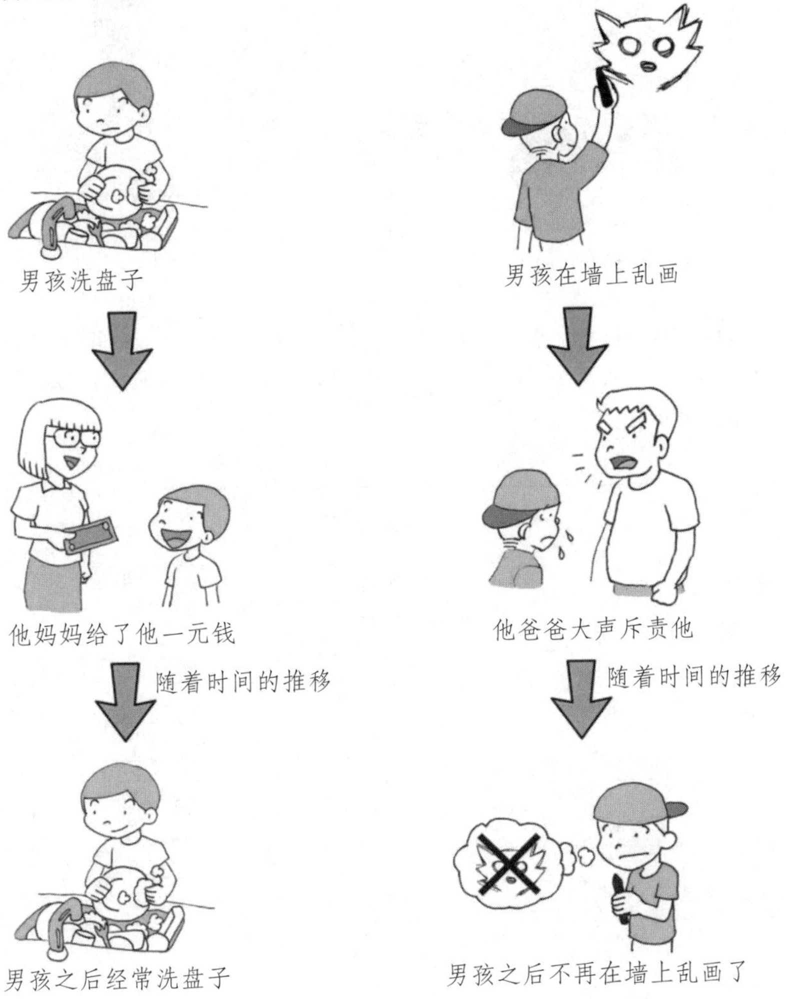

受规则管理的行为
Rule Governed Behavior

受规则管理的行为是指受口头 / 书面的前事 / 规则控制的行为。

与后效塑造行为不同，受规则管理的行为包括在前事阶段对后果的口头预测。

后效契约（**contingency contract**）是一种涉及受规则管理的行为的书面形式。它具体描述了一个人应该做什么，以及他将得到什么奖励，又称为**行为契约**（**behavioral contract**）。

我的合同

姓　名 ______________

日　期 ______________

要做的 ______________

____

奖　励 ______________

____

星期一	是	否
星期二	是	否
星期三	是	否
星期四	是	否
星期五	是	否
星期六	是	否
星期天	是	否

签字 ______________

签字 ______________

后效契约举例

反应型行为
Respondent Behavior

反应型行为是指一种对前事刺激做出不自觉的反应的行为。

当一个新刺激与一个生物学上有效的刺激配对时，就会建立**反应制约**（**respondent conditioning**），又称**经典制约**（**classical conditioning**）、**巴甫洛夫制约**（**Pavlovian conditioning**）。

1.

下雨了
（中性刺激）

对男孩没有影响

2.

非常大的雷声
（非制约刺激）

男孩心跳加快
（非制约反应）

3.

下雨了，并且雷声非常大
（中性刺激 + 非制约刺激）

男孩心跳加快
（非制约反应）

4.

下雨了
（制约刺激）

男孩心跳加快
（制约反应）

四期后效关联
Four-term Contingency

四期后效关联是操作制约的基本机制。它由**动机操作**（**motivating operation，MO**）、**前事**（**antecedent**）、**行为**（**behavior**）、**后果**（**consequence**）组成，帮助人们分析行为发生的原因。

动机操作	—	前事	—	行为	—	后果
MO（AO或EO）		（S^D）		（反应）		（S^{R+}，S^{R-}，S^{P+} or S^{P-}）

1. 动机操作　Motivating Operation（MO）

动机操作改变刺激的价值，动机操作控制行为。分为两种：

- **建立操作**（**establishing operation，EO**）
- **消除操作**（**abolishing operation，AO**）

EO强化刺激的价值，AO减弱刺激的价值。

举例：当你饿的时候，食物就变得对你很有价值，所以这是一个获取食物的建立操作（EO）。当你吃饱饭的时候，食物不再有价值，这是一个获取食物的消除操作（AO）。

2. 区辨刺激　Discriminative Stimulus（S^D）

区辨刺激是一种刺激（物品、人、事件、单词、声音、气味、味道、质地），它引发行为，且行为之后跟着强化或惩罚。在四期后效关联中，S^D 处于前事阶段。

举例：如果你口渴了，发现桌上有一杯水，你会喝水并得到强化。这个水杯就是 S^D。

当行为不产生强化或惩罚时（处于消退），刺激就变成了**干扰刺激**（**stimulus delta**，**S^Δ**）。

举例：现在你弟弟口渴了，他发现桌上有个杯子。他试图拿起杯子喝水，但杯子是空的，他没有得到强化。这个水杯就是 S^Δ。

3. 反应　Response

反应又称为**行为**，行为是指有机体所做的事情。

4. 后果　Consequence

后果是行为之后发生的事件。（见**强化**与**惩罚**部分）

非制约 / 制约动机操作 Unconditioned/Conditioned MO

非制约动机操作（unconditioned motivating operation，UMO）是一种非后天习得的动机操作，它是个体生存所必备的。

一些 UMO 的举例如下：

- 氧气缺乏
- 食物缺乏
- 水分缺乏
- 睡眠缺乏
- 变得太暖和
- 变得太冷

制约动机操作（conditioned motivating operation，CMO）是指个体通过过去的经历习得的动机操作。

有 3 种类型的 CMO：

- **代理制约动机操作（surrogate CMO，CMO-S）**
- **转移制约动机操作（transitive CMO，CMO-T）**
- **反身制约动机操作（reflexive CMO，CMO-R）**

1. 代理制约动机操作 Surrogate CMO（CMO-S）

在代理 CMO 中，中性刺激（neutral stimulus）与非制约或制约动机操作配对。之后，个体会在刺激出现后更有动机来从事某行为。

举例：如果一个人每天睡前给你讲课，那么你看到他的时候，就会有动机想去睡觉。

2. 转移制约动机操作　Transitive CMO（CMO-T）

在转移 CMO 中，个体会有一个补充的动机操作，来完成他最初的非制约或制约动机操作。

举例：

如果你的动机操作是需要使用卫生间，你会去找卫生间并走向那里。如果卫生间的门是锁上的，此时你会有另一个动机操作，就是要找卫生间的钥匙。

如果你的动机操作是要去机场，你会去开车。如果车子没油了，你就会有另一个动机操作，就是要先加油，然后再去机场。

3. 反身制约动机操作　Reflexive CMO（CMO-R）

在反身 CMO 中，个体将有动机操作来从事一种行为，以避免或逃避一种非偏好的刺激。

举例：如果一个人曾被狗咬过，当他再看见狗时，会大叫、哭闹或逃跑。狗就是 CMO-R。

行为的功能
Functions of Behavior

当我们分析一种行为时，研究这种行为的前事和后果很重要。通过了解这些，我们可以确定行为的功能。行为有 4 种主要功能。一旦我们知道它的功能，就可以制订一个行为计划来控制这个行为。

行为的 4 种功能：

- **注意力（attention）**
- **得到（access）**
- **逃避（escape）**
- **感官（sensory）**

1. 基于注意力的行为　Attention-based Behavior

当个体为了获得他人的注意力而做出某一行为，就是基于注意力的行为。

举例：当没有人注意女孩时，她开始尖叫，就可能是一种基于注意力的行为。当人们因为她尖叫而注意她时，就强化了她的行为，女孩的尖叫在未来则更有可能发生。

2. 基于得到的行为 Access-based Behavior

当一个人为了获得偏好物而做出某一行为，就是基于得到的行为。

举例：当一个男孩因为想让妈妈给他买糖果而发脾气时，就可能是一种基于得到的行为。当妈妈给他买了糖果，她是在强化男孩的行为，将来男孩发脾气的可能性会增加。

3. 基于逃避的行为 Escape-based Behavior

当一个人为了逃离某种情境而做出某一行为，就是基于逃避的行为。

举例：当一个男孩不喜欢听妹妹唱歌而打他妹妹，就可能是一种基于逃避的行为。当妹妹停止唱歌，她是在强化他的行为，男孩将来则更有可能打人。

4. 基于感官的行为 Sensory-based Behavior

当一个人为了让他自身感觉良好而做出某一行为，就是基于感官的行为。这样做给他的身体提供了刺激，所以强化了这种行为。

内在效度
Internal Validity

内在效度是对实验（自变项）与结果（依变项）之间的功能关系的确认。当一个人经过多次实验得出 A 导致 B 的结论时，他可以说这具有很强的内在效度。

人们有时会误解行为的原因。例如，爸爸可能会说："我儿子不喜欢出去，因为我带他出去时他总是尖叫。"如果他儿子其实不是不愿意出去，而是因为鞋子不舒服而尖叫，那么外出和尖叫之间并没有内在效度。其他影响目标行为的因素，比如他的鞋子，被称为**混淆变项**（**confounding variables**）。

社会效度
Social Validity

社会效度是要确认程序和目标在社会上是可接受的，对个体而言是适当并重要的。

（1）在讨论个体的不适当行为时，应该考虑：

- 该行为是否符合年龄？
- 在他的文化中，什么被认为是适当的？
- 在他或其他人面前讨论该行为，是否合适？

（2）当制定目标时，应该考虑：

- 目标是否处于适合的年龄水平？
- 目标如何使个体受益？

（3）当制定并实施干预时，应该考虑：

- 这样做是社会所接受并适合的吗？
- 这是限制性最小的干预吗？
- 你是否获得了相关人员的知情同意？

行为的测量
Behavior Measurement

目标行为应该是可测量的，才能保证它的客观性。为了精确地测量行为，必须描述目标行为的**形态**（**topography**）。形态就是研究行为看起来什么样。

描述攻击他人的行为的形态：

非描述性。观察者可能会把轻拍、击掌或拳击练习都当做身体攻击。

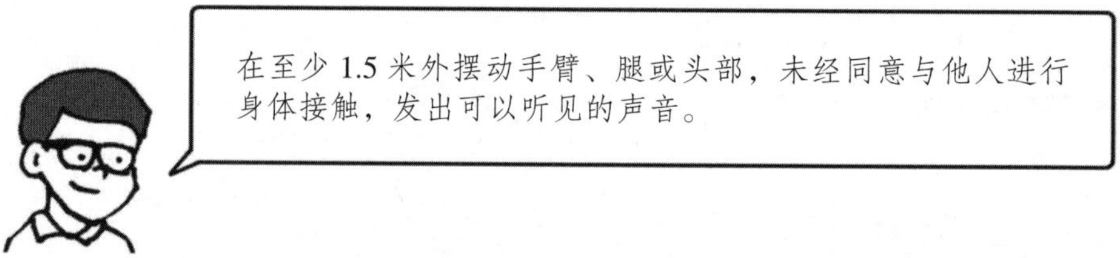

更具描述性。它对身体攻击看起来什么样子给出了更清晰的定义。

如果没有精确地定义一个目标行为，观察者可能会误解它，并且数据记录也不准确。这种现象被称为**观察者偏移**（**observer drift**）。

行为可以通过**计数**、**持续时间**或**强度**来测量。

1. 计数 Count

计数指目标行为发生的次数。在指定的时间段内目标行为的数量，被称为**比率**（**rate**）或**频率**（**frequency**）。

达到预定标准的回合总数（反应的机会），被称为**达到标准的尝试数**（**trials-to-criterion**）。

比率

2. 持续时间 Duration

持续时间指目标行为的时间长度。

3. 强度 Magnitude

强度是指目标行为的剧烈度、力度、大小或程度。虽然行为可能是相同的，但其强度的变化可以产生不同的结果。

强度改变举例

音量的大小	柔和	⟷	大声
写字时的压力	轻柔	⟷	猛烈
任务的多少	1 分钟	⟷	60 分钟
烹饪的温度	37 ℃	⟷	200 ℃
打击的强度	轻柔	⟷	猛烈
行驶的速度	缓慢	⟷	迅速
哑铃的重量	轻	⟷	重

4. 时间测量　Time Measurement

（1）反应延宕　Response Latency

反应延宕指从刺激出现到反应开始之间的时间。

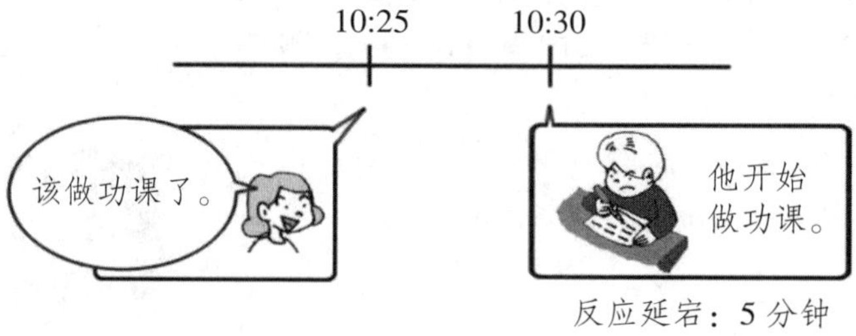

（2）反应间时间　Interresponse Time（IRT）

反应间时间指从目标行为结束到下一个相同目标行为开始之间的时间。

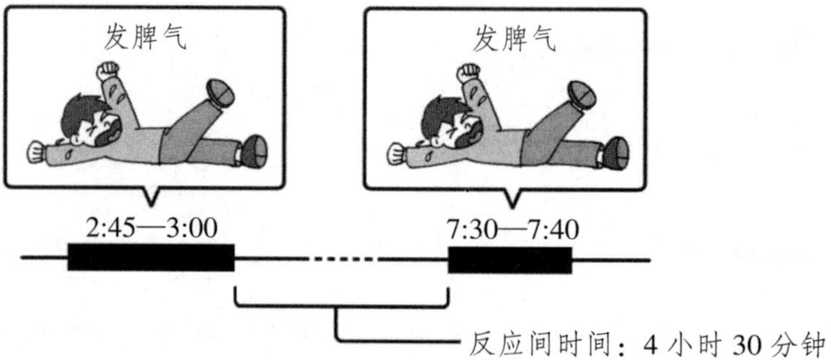

（3）回合间时距　Inter-trial Interval

回合间时距指从后果到下一个 S^D 之间的时间。

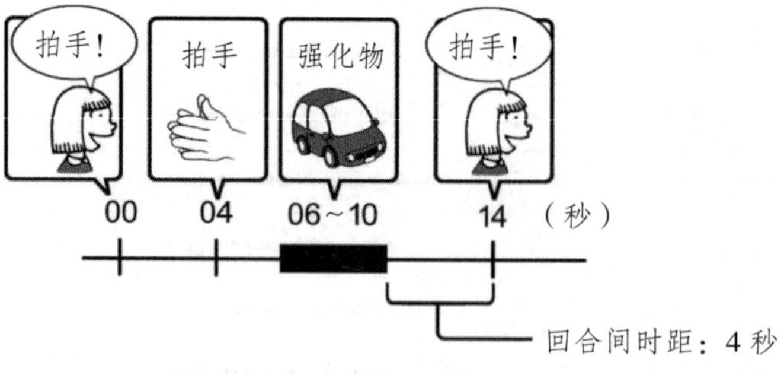

行为记录
Behavioral Recording

当评估某人的行为时，有必要用客观的方法来测量。有不同类型的行为记录的方法，包括：

- **事件记录（event recording）**
- **持续时间记录（duration recording）**
- **ABC 记录（ABC recording）**
- **永久性产品（permanent product）**
- 不同类型的**时距记录（interval recording）**，包括：
  - **部分时距记录（partial interval recording）**
  - **全时距记录（whole interval recording）**
  - **瞬间时间取样（momentary time sampling）**
  - **计划式活动检核（planned activity check，PLACHECK）**

1. 事件记录 Event Recording

事件记录是指在指定时间段内，目标行为发生的次数。观测者必须全程在场记录数据。

记录男孩投中篮筐多少次

2. 持续时间记录　Duration Recording

持续时间记录是一种测量目标行为长度的方法。

3. ABC 记录　ABC Recording

ABC 记录是通过确定**前事**、**行为**和**后果**来收集目标行为信息的一种方法。

ABC 记录举例

日期 / 时间	前事	行为	后果
12 月 15 日 1:05	肯的妈妈告诉他该做功课了	肯打了妈妈两次	妈妈跑回自己房间，肯继续看电视
12 月 17 日 3:30	圣诞老人来看望肯	肯大喊“不要”，然后打了圣诞老人	圣诞老人给了肯一个礼物，然后离开
12 月 18 日 7:00	肯看见餐盘里有胡萝卜	肯打了坐在他旁边的哥哥	妈妈把肯送到他自己的房间

4. 永久性产品　Permanent Product

永久性产品是一种通过检查结果，来确认目标行为是否发生的方法。当行为发生时，观察者不必在场，因为注意的是环境的结果。

5. 部分时距记录　Partial Interval Recording

部分时距记录是一种将观测周期划分为时距，并检查目标行为在每个时距内是否发生的方法。即使目标行为只发生一秒，也会被标记在时距内。

10 分钟时距	1	2	3	4	5	6	7	8	9	10
尖叫	是	否	是	否	是	是	是	是	是	否

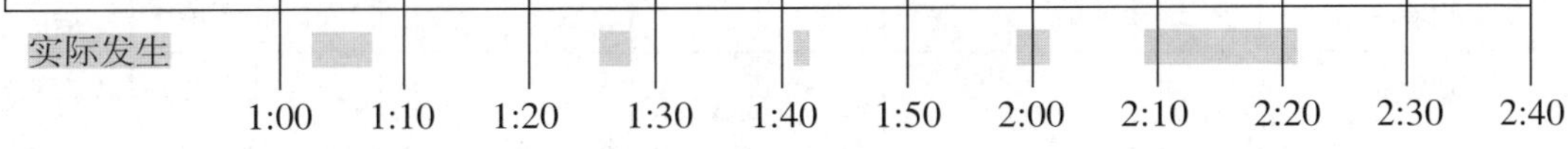

目标行为的发生：70%

部分时距记录通常用于需要减少的行为，它往往会**高估**（**overestimate**）行为的实际发生。

6. 全时距记录　Whole Interval Recording

全时距记录是一种将观察周期划分为时距，并检查目标行为在每个时距内是否持续发生的方法。

10 分钟时距	1	2	3	4	5	6	7	8	9	10
安坐	是	否	是	是	否	否	否	否	是	否

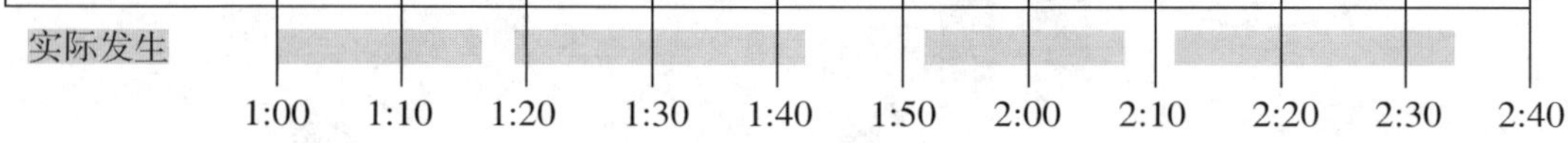

目标行为的发生：40%

全时距记录通常用于需要增加的行为，它往往会**低估**（**underestimate**）该行为的实际发生。

7. 瞬间时间取样　Momentary Time Sampling

瞬间时间取样是一种将观察周期划分为多个时距，并在每个时距结束时检查目标行为是否发生的方法。

10 分钟时距	1	2	3	4	5	6	7	8	9	10
做功课	是	是	否	是	否	否	是	否	是	是

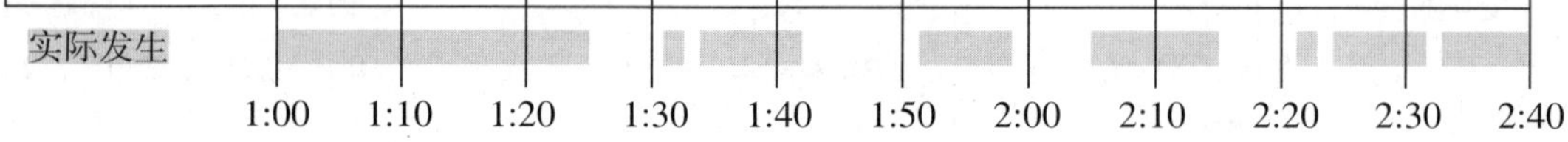

目标行为的发生：60%

瞬间时间取样往往会高估或低估行为的实际发生。

8. 计划式活动检核　Planned Activity Check（PLACHECK）

计划式活动检核（PLACHECK）是为测量小组的行为而设计的。它将观察周期划分为时距，并在每个时距结束时计算参与目标行为的人数。

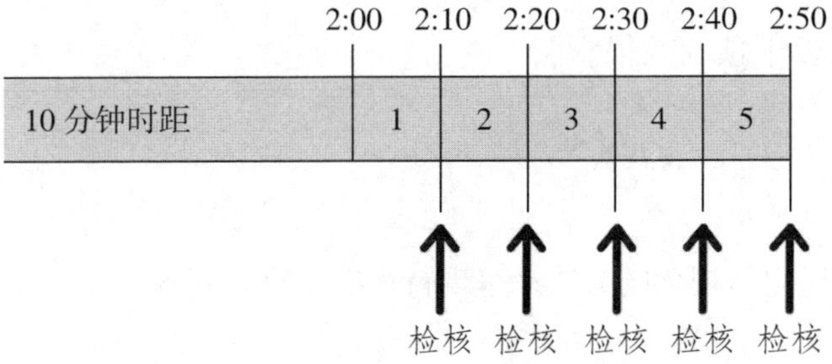

在时距记录中，高估和（或）低估行为实际发生的现象，被称为**人为结果（artifact）**。

图　表
Graph

在 ABA 中，通常用**图表**来比较干预的效果。

1. 线性图　Line Graph

线性图通常用于连续数据，它用更可视化的方法来呈现行为在一段时间内的变化。

2. 柱状图　Bar Graph

柱状图通常用于分类数据，它用更可视化的方法来呈现组与组之间的比较。

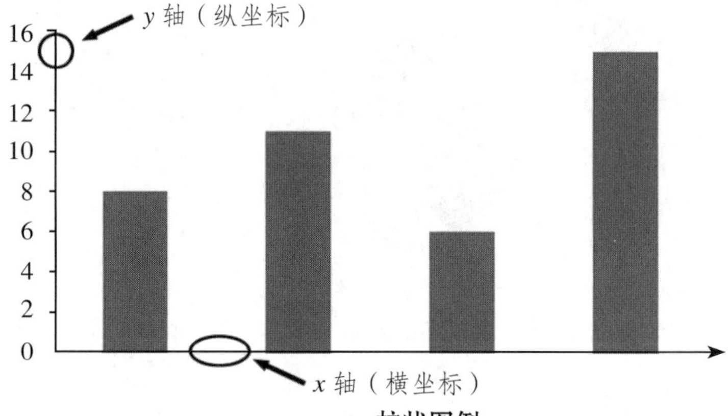

柱状图例

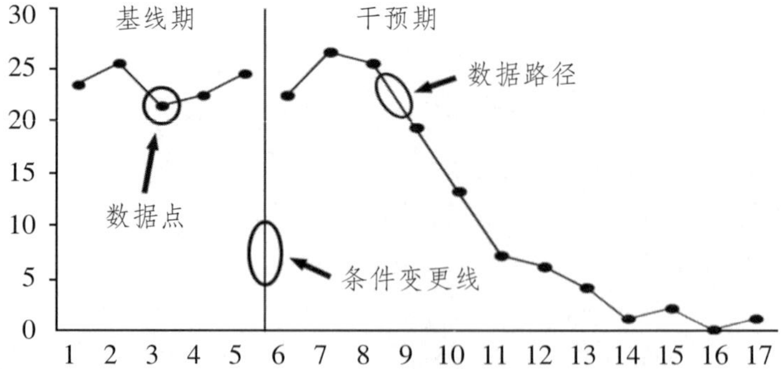

线性图例

基线（baseline）：干预前，目标行为的原始比率。

自变项（independent variable）：影响目标行为的干预或辅助。

依变项（dependent variable）：对目标行为的测量。

场景 1

亨利每天抽 40 支烟，他的医生告诉他这样不利于健康。每当亨利抽烟时，他的妻子就叫他打扫后院。后来，亨利将抽烟的数量减少到每天 15 支。

基线：每天抽 40 支烟。

自变项：打扫后院。

依变项：每天抽烟的数量。

场景 2

霍华德是一位患有孤独症的 5 岁男孩。当有人挡住他的路时，他大概有 90% 的可能性会攻击他们。他的老师教他说“借光”，并用贴纸强化他的行为。霍华德开始说“借光”，他的攻击率降低到 5%。

基线：90% 的攻击率。

自变项：教霍华德说“借光”，一张贴纸。

依变项：攻击他人的百分比。

3. 累计图　Cumulative Graph

累计图表示完成的目标总数，并将每个时间单位的目标总数相加。这种类型的图不会下降。

累计数据

	掌握的单词数	累计记录
一月	3	3
二月	5	3+5=8
三月	4	8+4=12
四月	4	12+4=16
五月	3	16+3=19
六月	5	19+5=24

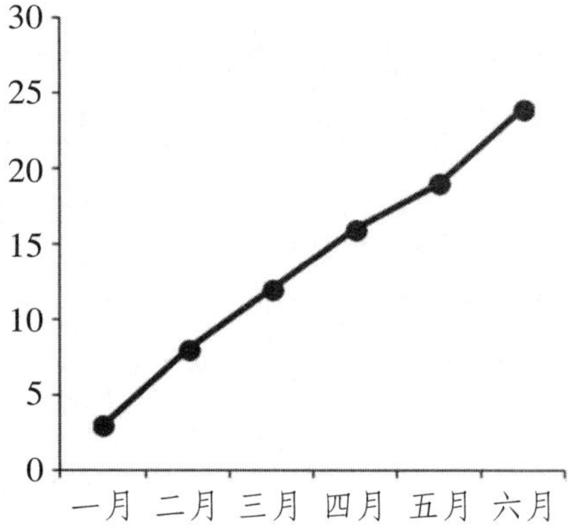

累计图

4. 散点图　Scatterplot

散点图是表示 x 轴和 y 轴两个变量之间关系的图。这种类型的图不包含数据路径。它能帮助我们分析目标行为的规律。

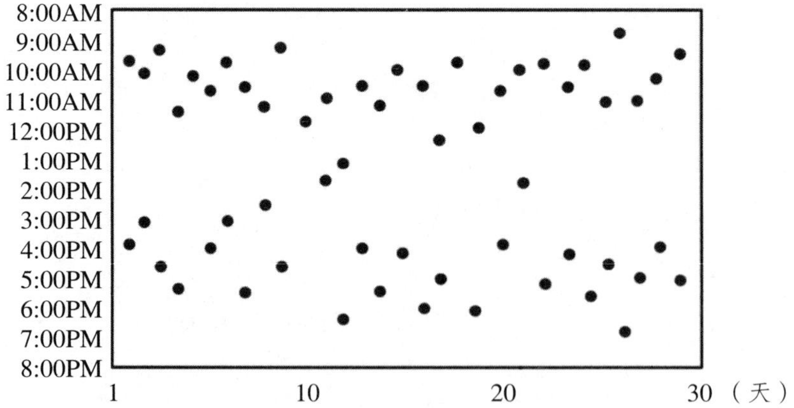

散点图显示目标行为何时发生

5. 标准速线图　Standard Celeration Chart

标准速线图（又称半对数图）是由奥格登·林斯利（Ogden Lindsley）开发的图表。它专注于目标行为的流畅性和准确性。图中的 y 轴按照乘除的比例设置，以便我们记录从每分钟 0.001 次到 1000 次的数据。

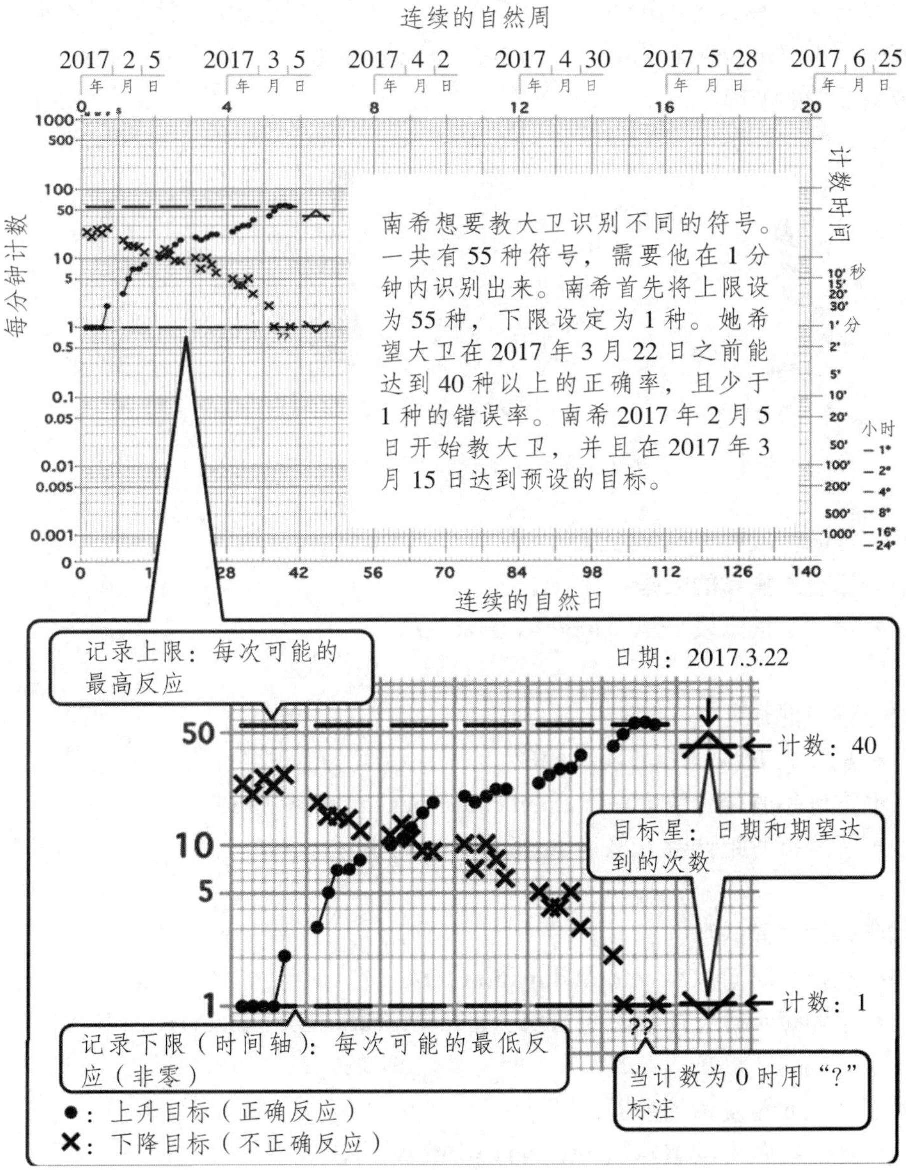

标准速线图示例

观察者间一致性
Interobserver Agreement

当只有一名观察者在观察个体的行为时，没人会知道他数据记录的准确性。**观察者间一致性（interobserver agreement，IOA）**通过多人观察相同的行为，并研究他们收集数据的准确性。

多名观察者能提供更准确的数据

观察者间一致性有很多方法：

对于回合式操作的数据：

- **逐一尝试比较 IOA（trial by trial IOA）**

对于频率的数据：

- **总计数 IOA（total count IOA）**
- **准确每时距计数 IOA（exact count per interval IOA）**
- **平均每时距计数 IOA（mean count per interval IOA）**

对于持续时间的数据：

- **总持续时间 IOA（total duration IOA）**
- **平均每个行为持续时间 IOA（mean duration per occurrence IOA）**

对于每个时距发生的数据：

- **逐一时距比较 IOA（interval by interval IOA）**
- **记分时距 IOA（scored interval IOA）**
- **非记分时距 IOA（unscored interval IOA）**

1. 逐一尝试比较 IOA　Trial by Trial IOA

逐一尝试比较 IOA 是针对离散回合数据进行的，包含了一组回合中“正确”或“不正确”的反应。

$$\text{计算公式：}\frac{\text{观察者一致的回合数}}{\text{总回合数}}\times 100\%$$

举例：

肯的妈妈正在教他指认香蕉。大卫和迈克观察他的反应，并收集数据。数据如下所示：

回合数	1	2	3	4	5	6	7	8	9	10
大卫的数据	正确	不正确	不正确	正确	正确	正确	不正确	不正确	正确	正确
迈克的数据	正确	不正确	正确	正确	不正确	正确	不正确	正确	正确	正确
	↑ 一致	↑ 一致	↑ 不一致	↑ 一致	↑ 不一致	↑ 一致	↑ 一致	↑ 不一致	↑ 一致	↑ 一致

$$\frac{7\text{（观察者一致的回合数）}}{10\text{（总回合数）}}\times 100\% = 70\%$$

IOA：70%

2. 总计数 IOA　Total Count IOA

总计数 IOA 针对的是处理目标行为的频率数据。

$$\text{计算公式：}\frac{\text{低频率值}}{\text{高频率值}} \times 100\%$$

举例：

亚伦有撞头的行为。南希和约翰观察他的行为 1 个小时，并记录了该行为的频率。数据如下所示：

	频率
南希的数据	12
约翰的数据	9

$$\frac{9\text{（低频率值）}}{12\text{（高频率值）}} \times 100\% = 75\%$$

IOA：75%

3. 准确每时距计数 IOA　Exact Count per Interval IOA

准确每时距计数 IOA 针对的是使用时距的目标行为的频率数据。

$$\text{计算公式：}\frac{\text{频率一致的时距数}}{\text{总时距数}}\times 100\%$$

举例：

埃德有时会用手紧紧地捂住耳朵。鲍勃和特瑞设置了 10 个 5 分钟的时距，记录了埃德的行为频率。数据如下所示：

时距数	1	2	3	4	5	6	7	8	9	10
鲍勃的数据	3	1	0	1	3	1	0	2	1	0
特瑞的数据	3	1	0	2	3	1	1	3	2	0
	一致	一致	一致	不一致	一致	一致	不一致	不一致	不一致	一致

$$\frac{6\text{（频率一致的时距数）}}{10\text{（总时距数）}}\times 100\% = 60\%$$

IOA：60%

4. 平均每时距计数 IOA　Mean Count per Interval IOA

平均每时距计数 IOA 针对的是使用时距的目标行为的频率数据。

计算公式：$\frac{\text{时距 1 的 IOA + 时距 2 的 IOA + 时距 3 的 IOA + ……}}{\text{总时距数}} \times 100\%$

举例：

加里的妈妈告诉弗兰克和劳尔，加里有时会撞到东西。弗兰克和劳尔设置了 4 个 15 分钟的时距，并记录了加里的行为频率。数据如下所示：

时距数	1	2	3	4
弗兰克的数据	2	1	3	4
劳尔的数据	2	2	3	2

时距 1 的 IOA：$\frac{2}{2} \times 100 = 100$

时距 2 的 IOA：$\frac{1}{2} \times 100 = 50$

时距 3 的 IOA：$\frac{3}{3} \times 100 = 100$

时距 4 的 IOA：$\frac{2}{4} \times 100 = 50$

$\frac{100 + 50 + 100 + 50}{4\text{（总时距数）}} \times 100\% = 75\%$

IOA：75%

5. 总持续时间 IOA　Total Duration IOA

总持续时间 IOA 针对的是目标行为的持续时间数据。

$$\text{计算公式：}\frac{\text{短的持续时间}}{\text{长的持续时间}} \times 100\%$$

举例：

凯文总是大发脾气。娜奥米和蒂娜观察他的行为，并记录持续时间。数据如下所示：

	持续时间
娜奥米的数据	5 分钟
蒂娜的数据	4 分钟

$$\frac{4\text{（短的持续时间）}}{5\text{（长的持续时间）}} \times 100\% = 80\%$$

IOA：80%

6. 平均每个行为持续时间 IOA　Mean Duration per Occurrence IOA

平均每个行为持续时间 IOA 针对的是目标行为多次出现的持续时间数据。

计算公式：$\frac{\text{第 1 次持续时间 IOA+ 第 2 次持续时间 IOA+ 第 3 次持续时间 IOA}+\cdots\cdots}{\text{总发生次数}}\times 100\%$

举例：

摩根有时抖手，史蒂夫和马克观察并记录每一次行为的持续时间。在观察过程中，摩根抖了 4 次手。数据如下所示：

发生的次数	1	2	3	4
史蒂夫的数据	30 秒	10 秒	15 秒	20 秒
马克的数据	40 秒	10 秒	15 秒	5 秒

第 1 次持续时间 IOA：$\frac{30}{40}\times 100=75$

第 2 次持续时间 IOA：$\frac{10}{10}\times 100=100$

第 3 次持续时间 IOA：$\frac{15}{15}\times 100=100$

第 4 次持续时间 IOA：$\frac{5}{20}\times 100=25$

$$\frac{75+100+100+25}{4\text{（总发生次数）}}\times 100\%=75\%$$

IOA：75%

7. 逐一时距比较 IOA　Interval by Interval IOA

逐一时距比较 IOA 针对的是目标行为发生和不发生的时距的数据。

$$\text{计算公式：}\frac{\text{观察者一致的时距数}}{\text{总时距数}}\times 100\%$$

举例：

比尔有时会拽自己的手指。彼得和约书亚设定了 5 个 6 分钟的时距，并记录下他的行为。数据如下所示：

时距数	1	2	3	4	5
彼得的数据	否	否	是	否	是
约书亚的数据	否	是	是	否	否
	↑ 一致	↑ 不一致	↑ 一致	↑ 一致	↑ 不一致

$$\frac{3\text{（观察者一致的时距数）}}{5\text{（总时距数）}}\times 100\% = 60\%$$

IOA：60%

8. 记分时距 IOA　Scored Interval IOA

记分时距 IOA 针对的是目标行为发生和不发生的时距的数据。

$$计算公式：\frac{观察者一致的目标行为发生的时距数}{至少有一人记录发生的时距数}\times 100\%$$

举例：

辛迪有时会抓她自己的脸。杰拉尔德和保罗设置了 10 个 6 分钟的时距，并记录她的行为。数据如下所示：

时距数	1	2	3	4	5	6	7	8	9	10
杰拉尔德的数据	是	否	是	否	是	否	是	否	是	否
保罗的数据	是	否	是	否	否	是	否	否	是	否

至少有一人记录发生的时距

时距数	1	2	3	4	5	6	7	8	9	10
杰拉尔德的数据	是	否	是	否	是	否	是	否	是	否
保罗的数据	是	否	是	否	否	是	否	否	是	否
	一致		一致		不一致	不一致	不一致		一致	

$$\frac{3（观察者一致的目标行为发生的时距数）}{6（至少有一人记录发生的时距数）}\times 100\% = 50\%$$

IOA：50%

9. 非记分时距 IOA　Unscored Interval IOA

非记分时距 IOA 针对的是目标行为发生和不发生的时距的数据。

计算公式：$\dfrac{\text{观察者一致的目标行为没发生的时距数}}{\text{至少有一人记录没发生的时距数}} \times 100\%$

举例：

杰克有时会扯自己的头发。凯蒂和妮可设定 10 个 6 分钟时距，记录了他的行为。数据如下所示：

时距数	1	2	3	4	5	6	7	8	9	10
凯蒂的数据	否	否	是	是	否	否	否	否	是	否
妮可的数据	否	否	是	否	否	是	否	否	是	否

至少有一人记录没发生的时距

时距数	1	2	3	4	5	6	7	8	9	10
凯蒂的数据	否	否	是	是	否	否	否	否	是	否
妮可的数据	否	否	是	否	否	是	否	否	是	否
	一致	一致		不一致	一致	不一致	一致	一致		一致

$$\frac{6\text{（观察者一致的目标行为没发生的时距数）}}{8\text{（至少有一人记录没发生的时距数）}} \times 100\% = 75\%$$

IOA：75%

偏好物评估
Preference Assessment

偏好物评估用来确定个体对物品或活动的喜欢等级。当教授技能时，高偏好物品或活动可以成为潜在的强化物。

有 5 种类型的偏好物评估：

- **自由操作观察（free operant observation）**
- **单一刺激（single stimulus）偏好物评估**
- **成对刺激（paired stimulus）偏好物评估**
- **多重刺激有替换（multiple stimulus with replacement）偏好物评估**
- **多重刺激无替换（multiple stimulus without replacement）偏好物评估**

1. 自由操作观察　Free Operant Observation

在自由操作观察中，把各种玩具 / 活动材料呈现在个体面前，测量他与每个物品互动的持续时间，以确定个体最喜欢哪个物品。

物品	持续时间
橡皮泥	30 秒
机器人	0
飞机	2 分钟
恐龙	30 秒
蜡笔	7 分钟

对多种物品的 10 分钟观察结果

2. 单一刺激偏好物评估　Single Stimulus Preference Assessment

在单一刺激偏好物评估中，在个体面前只呈现一个物品，评估者观察个体是否对该物品感兴趣。有多个物品需要被测试，但一次只显示一个，个体玩得最多的物品被认为是最偏好的。

3. 成对刺激偏好物评估　Paired Stimulus Preference Assessment

在成对刺激偏好物评估中，在个体面前并排呈现两个物品，评估者观察他选择玩哪个物品。

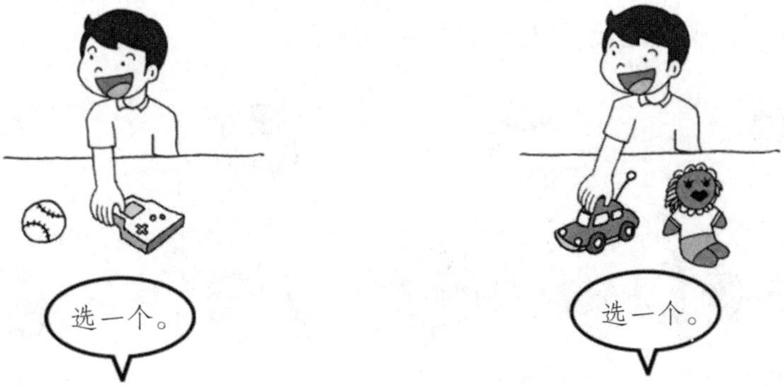

4. 多重刺激有替换偏好物评估　Multiple Stimulus with Replacement Preference Assessment（MSW）

在多重刺激有替换偏好物评估中，多个物品呈现在个体面前，评估者观察他选择玩哪个物品。个体把玩物品后，评估者会准备一组新的物品，包括个体玩过的物品，并让他选一个来确定他喜欢哪个物品。

1. 选择了泰迪熊

2. 呈现新物品，但泰迪熊还在，他再次选择了泰迪熊

3. 呈现新物品，但泰迪熊还在，这次他选择了另一个物品

5. 多重刺激无替换偏好物评估　Multiple Stimulus without Replacement Preference Assessment（MSWO）

在多重刺激无替换偏好物评估中，像多重刺激有替换偏好物评估一样，向个体一次呈现多个物品。评估者观察他选择玩哪个物品之后，将该物品收走，再将剩余的物品呈现给他，观察他接下来选择哪一个物品。

1. 物品
恐龙
机器人
电话
汽车
球

2. 物品
恐龙
机器人
电话
汽车
~~球~~（移走）

3. 物品
恐龙
机器人
电话
~~汽车~~（移走）
~~球~~（移走）

4. 物品
恐龙
机器人
~~电话~~（移走）
~~汽车~~（移走）
~~球~~（移走）

强　化
Reinforcement

有 2 种类型的强化：

- **正强化（positive reinforcement，S^{R+}）**
- **负强化（negative reinforcement，S^{R-}）**

1. 正强化　Positive Reinforcement（S^{R+}）

正强化（S^{R+}）是一种通过**提供激励刺激**作为后果，来**增加**目标行为发生的程序。

一家咖啡店　　你点了一杯咖啡　　你拿到了咖啡

一项科研项目　　你非常努力地工作　　你的导师表扬了你

2. 负强化　Negative Reinforcement（S^{R-}）

负强化（S^{R-}）是一种通过**消除厌恶刺激**作为后果，来**增加**目标行为发生的程序。

外面很吵　　你关上窗　　吵闹声消除了

到处都是虫子　　你使用杀虫喷雾剂　　虫子不见了

惩　罚
Punishment

有 2 种类型的惩罚：

- 正惩罚（positive punishment，S^{P+}）
- 负惩罚（negative punishment，S^{P-}）

1. 正惩罚　Positive Punishment（S^{P+}）

正惩罚（S^{P+}）是一种通过把**提供厌恶刺激**作为后果，来**减少**目标行为发生的程序。

你看到弟弟正在玩玩具小汽车　　你把小汽车抢过来　　爸爸谴责了你

你在体育课上看到了朋友　　你过去和他聊天　　因为你上课说话，老师让你做 30 个俯卧撑

正惩罚的不同类型：

- **谴责**
- **后效练习**
- **复原的过度矫正**
- **正向练习**
- **负向练习**

（1）谴责　Reprimands

谴责是最常用的正惩罚程序。它通过语言的方式来减少目标行为的频率。如果这种行为是为了寻求注意力，那么谴责就不是一种有效的方式，因为谴责会提供个体可能寻求的注意力。

（2）后效练习　Contingent Exercise

后效练习是一种惩罚的形式，要求个体参与跟问题行为无关的身体练习。

后效练习举例：

女孩对妈妈大喊大叫

她被要求去拖地

男孩上课睡觉

老师要求他在跑道上连续跑 10 分钟

(3) 复原的过度矫正　Restitutional Overcorrection

在复原的过度矫正中，当个体造成损坏时，他将被要求把环境恢复到比事件发生前更好的状态。

男孩随地吐痰

他被要求把整个地板拖干净

(4) 正向练习　Positive Practice

在正向练习中，当个体行为不当时，他将被要求反复进行适当的行为。

女孩拼错了一个单词

她被要求把这个单词写 50 遍

(5) 负向练习　Negative Practice

在负向练习中，当个体做出不适当的行为时，他将被要求反复进行不适当的行为。

男孩在墙上画画

他被要求继续在墙上画画，直到筋疲力尽

2. 负惩罚 Negative Punishment（S^{P-}）

负惩罚（S^{P-}）是一种通过把**去除动机刺激**作为后果，来**减少**目标行为发生的程序。

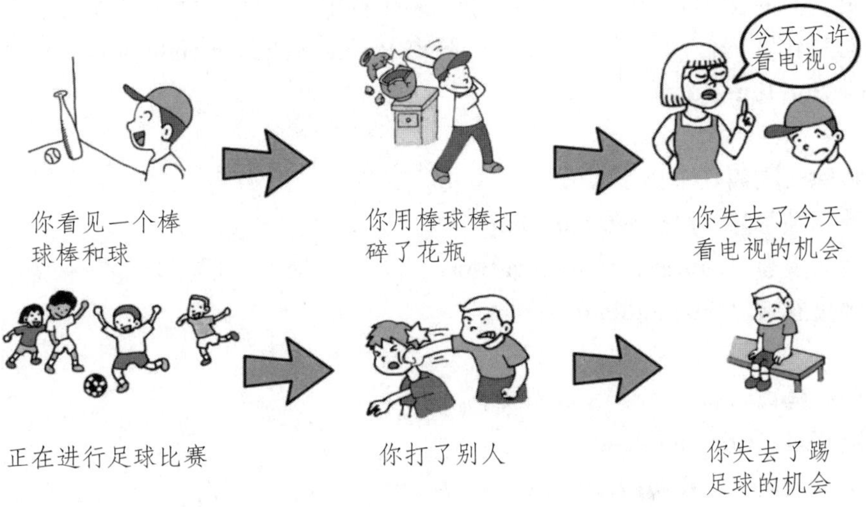

3. 惩罚的关键

- 虽然惩罚可以在日常生活中被观察到，但在执行惩罚程序时，必须考虑伦理。
- 作为对惩罚程序的反应，个体可能会在抗拒过程中出现攻击行为。
- 惩罚本身并不教授人们适当的行为，因此要教授替代行为。
- 由于惩罚可能会产生立竿见影的效果，有时会强化执行程序的人，而过度使用惩罚可能会变得不道德。
- 当实施严厉的惩罚程序时，它可能成为一种虐待形式。
- 当一个人生活在一个使用惩罚的环境中时，他也可能会对其他人使用惩罚。

隔离（罚时出局）Time Out

隔离（罚时出局）是一种惩罚程序，指在特定时间内，由于个体的不当行为而取消他对强化物的使用，分为**非移除式隔离（non-exclusion time outs）**和**移除式隔离（exclusion time outs）**。

非移除式隔离（个体不离开活动区域）：
- **计划性忽略（planned ignoring）**
- **后效观察（contingent observation）**
- **隔离丝带（time out ribbon）**

移除式隔离（将个体从活动区域中移除）：
- **隔离室（time out room）**
- **走廊隔离（hallway time out）**
- **隔板式隔离（partition time out）**

1. 计划性忽略　Planned Ignoring

当出现不适当行为时，注意力会被短暂地移除。

老师正在忽略一名学生，因为他没有举手

2. 后效观察　Contingent Observation

由于个体出现不适当行为，而从强化活动中被移除，但他仍然留在环境中观察其他人参与该活动。

3. 隔离丝带　Time out Ribbon

每个人的手腕上都戴着丝带。当个体出现不适当行为时，他的丝带将被拿走。那些戴着丝带的人才有权利得到强化物。

4. 隔离室　Time out Room

当个体出现不适当行为时，他将被送到一个房间。这个房间的设计目的是，在一段特定时间内，个体得不到强化物。

5. 走廊隔离　Hallway Time out

当个体出现不适当行为时，他会被送到走廊待一段时间。

6. 隔板式隔离　Partition Time out

当个体出现不适当行为时，他会被送到隔板或墙后面的一个地方，在一定的时间内限制他的视野。

7. 隔离的关键

- 当个体逃避任务时，隔离是无效的（隔离就是允许他逃避）。
- 隔离可能会让个体知道他做错了，但隔离本身并不能教会他正确的行为。
- 当个体在接受隔离时，就失去了学习正在教授的学术技能的时间。
- 如果老师给学生实施移除式隔离，那么学生在这个时间里做什么，老师就不知道了。

消　退
Extinction

消退就是撤除强化。由于个体在从事一种行为后没有得到强化物，他最终会停止这种行为。消退经常被用来消除先前已经与强化物配对的不期望的行为。

1. 基于注意力或得到的消退　Attention/access-based Extinction

如果一种行为以前让个体获得可触摸物品或注意力，从而被强化，可以通过在此行为发生后，不给予可触摸物品或注意力来实施消退。

男孩正在为了得到棒棒糖而大哭。为了消退该行为，妈妈不给他棒棒糖

女孩正在对她爸爸尖叫。为了消退该行为，爸爸忽视她

2. 基于逃避的消退　Escape Extinction

如果一种行为以前让个体从任务、物品或事件中逃避，从而被强化，那么可以通过不让个体逃避而消退该行为。

男孩因为不想做作业而大叫。妈妈忽视他的叫喊，并重新引导让他回去做作业

女孩进入医生办公室时打她妈妈，妈妈坚持让她待在办公室直到她看医生

3. 基于感官的消退　Sensory Extinction

如果一种行为以前让个体获得自动强化（感官输入），从而被强化，那么要消退该行为，只要在行为发生后不让他获得自动强化（感官输入）就可以了。

男孩喜欢不停地开关电灯。爸爸通过卸下灯泡而消退这种行为。因为卸下灯泡之后，他不论如何开关电灯，都得不到他想要的强化了

女孩经常通过打自己的头而获得自动强化。妈妈给她戴上一个头盔，这样她击打头部的时候就不会得到自动强化了

4. 消退的副作用　Aftereffects of Extinction

当你应用消退时，可能会观察到个体的挑战性行为暂时增加，这种现象被称为**消退爆发**（**extinction burst**）。因为以前被强化的行为不再被强化，个体在意识到这些行为不起作用之前，可能会更激烈地尝试这些行为。

消退抗拒（**resistance to extinction**）指使用消退后达到预定标准需要的时间。行为持续时间越长，消退抗拒也越强。行为甚至在减少并达到标准后，有时还会重新出现，因为个体还希望得到强化。这种现象被称为**自发性恢复**（**spontaneous recovery**）。

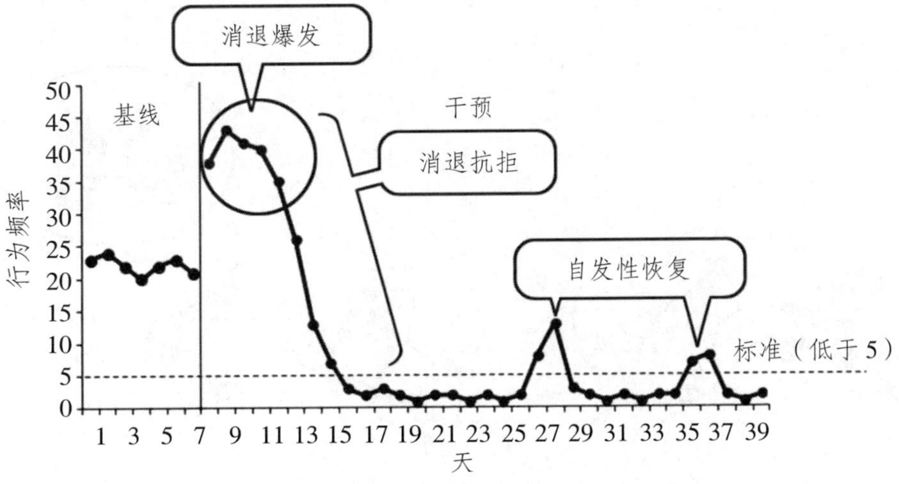

描述消退爆发、消退抗拒和自发性恢复的示范图

反应阻挡
Response Blocking

反应阻挡指从肢体上阻止目标行为完成的程序。

举例：一个孩子想挖鼻子，大人可以通过在他企图挖鼻子时，把自己的手挡在他的鼻子前面，实施反应阻挡。这样他就不能完成此行为。

是消退还是反应阻挡？

当目标行为在肢体上被阻止并无法完成时，就是反应阻挡。当目标行为发生并完成，但不产生强化时，就是消退。

举例：如果你不想让孩子玩电子游戏机，你可以通过给电子游戏机缠上胶带，来预防他的行为，这是反应阻挡。如果你把电池拿掉，孩子就算按按钮也无法玩电子游戏机，这是消退。

辅　　助
Prompts

辅助是一种为了增加目标行为发生的可能性（正确反应）而临时添加的刺激。辅助有很多种，我们应该使用必要的侵入性最小的辅助，并在可能的情况下逐渐褪除辅助，获得独立。

辅助的种类：

- **直接语言辅助（direct verbal prompt）**
- **部分语言辅助（partial verbal prompt）**
- **间接语言辅助（indirect verbal prompt）**
- **视觉辅助（visual prompt）**
- **刺激内辅助（within stimulus prompt）**
- **全肢体辅助（full physical prompt）**
- **部分肢体辅助（partial physical prompt）**
- **示范辅助（modeling prompt）**
- **姿势辅助（gestural prompt）**
- **位置辅助（positional prompt）**

1. 直接语言辅助　Direct Verbal Prompt

直接语言辅助指老师口头示范全部反应。

2. 部分语言辅助　Partial Verbal Prompt

部分语言辅助指老师口头示范部分反应。

3. 间接语言辅助　Indirect Verbal Prompt

间接语言辅助指老师给学生一个可能引发反应的语言提示。例如“下一步该做什么？”或者“你现在该做什么？”

4. 视觉辅助　Visual Prompt

视觉辅助指老师出示图片、物品或文字来引发反应。

5. 刺激内辅助　Within Stimulus Prompt

刺激内辅助指老师对刺激进行轻微改变，从而引发反应。

图片上的虚线作为写字母的辅助

6. 全肢体辅助　Full Physical Prompt

全肢体辅助指老师手把手帮助学生，从而引发反应。

7. 部分肢体辅助　**Partial Physical Prompt**

部分肢体辅助指老师给予部分身体帮助，从而引发反应。例如，在书写时轻拍手臂。

8. 示范辅助　**Modeling Prompt**

示范辅助指老师展示反应，以便学生能模仿。

9. 姿势辅助　**Gestural Prompt**

姿势辅助指老师呈现一个非口语的身体姿势，从而引发反应。

10. 位置辅助　**Positional Prompt**

位置辅助指老师将刺激物摆放在离学生较近的位置，从而引发反应。

区别性强化
Differential Reinforcement

区别性强化是一个涉及强化和消退的程序。区别性强化主要有 6 种类型：

- **区别性强化替代行为（differential reinforcement of alternative behaviors，DRA）**
- **区别性强化不兼容行为（differential reinforcement of incompatible behaviors，DRI）**
- **区别性强化其他行为（differential reinforcement of other behaviors，DRO）**
- **区别性强化高频率行为（differential reinforcement of high rates of behaviors，DRH）**
- **区别性强化低频率行为（differential reinforcement of low rates of behaviors，DRL）**
- **区别性强化逐渐降低反应率（differential reinforcement of diminishing rates，DRD）**

1. 区别性强化替代行为　Differential Reinforcement of Alternative Behaviors（DRA）

在**区别性强化替代行为**中，消退不适当行为可以强化适当的替代行为。

当男孩想通过尖叫获得妈妈的注意时，妈妈忽视了他。但当男孩轻拍她的肩膀来获取注意时，妈妈立刻回应了他

女孩想通过打爸爸来逃避写作业，爸爸没让她逃避。但当她通过语言来表达想要休息时，爸爸立刻让她休息

2. 区别性强化不兼容行为 Differential Reinforcement of Incompatible Behaviors（DRI）

在**区别性强化不兼容行为**中，消退不适当行为可以强化适当的替代行为。此适当行为与不适当行为不能同时存在。

当孩子看到狗时，他会去咬自己的指甲。妈妈告诉他，当看到狗时可以把手放在口袋里。如果他这样做，妈妈就会强化他的行为。此处，咬指甲和把手放在口袋里不能同时存在

3. 区别性强化其他行为 Differential Reinforcement of Other Behaviors（DRO）

在**区别性强化其他行为**中，当在特定时间内没出现具体的不适当行为时，就可以强化个体的行为。

一名儿童喜欢在教室里尖叫。如果他不尖叫，他的助理老师便会每隔 5 分钟强化他（他仍然可以表现出其他的不适当行为，但只要不尖叫，就能得到强化物）

4. 区别性强化高频率行为 Differential Reinforcement of High Rates of Behaviors（DRH）

在**区别性强化高频率行为**中，当反应率高于预定标准时，行为就会被强化。

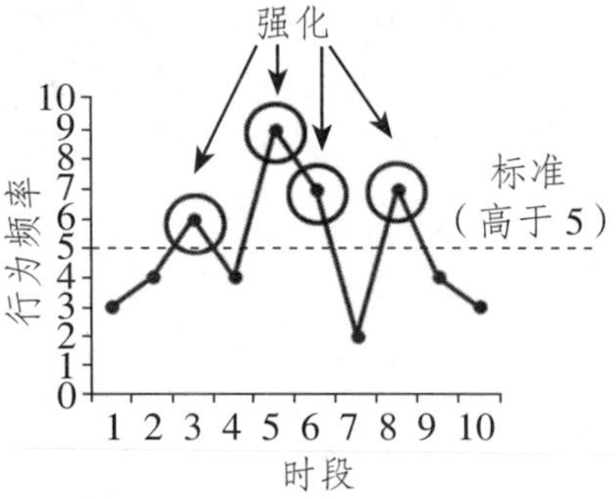

5. 区别性强化低频率行为 Differential Reinforcement of Low Rates of Behaviors（DRL）

在**区别性强化低频率行为**中，当反应率低于预定标准时，行为就会被强化。

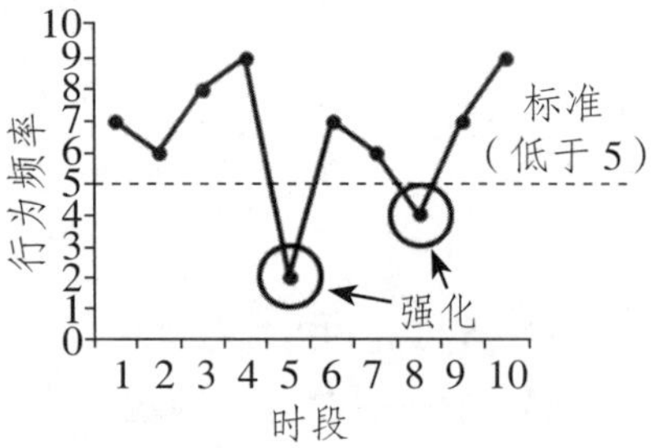

6. 区别性强化逐渐降低反应率 Differential Reinforcement of Diminishing Rates（DRD）

在**区别性强化逐渐降低反应率**中，时距的预定标准随时间推移而逐渐降低。当个体达到标准时，他的行为将被强化。

30 分钟时距	1	2	3	4	5	6	7	8	9	10
行为频率	5	7	4	3	2	3	2	3	2	2
标准	≤ 3						≤ 2			
强化（是 / 否）	否	否	否	是	是	是	是	否	是	是

30 分钟时距	11	12	13	14	15	16	17	18	19	20
行为频率	2	1	2	1	1	1	1	0	0	0
标准	≤ 1					0				
强化（是 / 否）	否	是	否	是	是	否	否	是	是	是

强化计划表
Schedule of Reinforcement

强化计划表分为**连续强化计划表**（**continuous schedule of reinforcement，CRF**）和**间歇强化计划表**（**intermittent schedule of reinforcement**）。

1. 连续强化计划表　Continuous Schedule of Reinforcement（CRF）

连续强化计划表要求老师在学生每次出现正确反应之后，都提供一个强化物。

2. 间歇强化计划表　Intermittent Schedule of Reinforcement

在**间歇强化计划表**中，老师在学生出现一些正确反应之后，提供一个强化物，但不是每次反应都提供。有 4 种不同类型的间歇强化计划表：

- 固定比率强化计划表（**fixed ratio schedule of reinforcement，FR**）
- 可变比率强化计划表（**variable ratio schedule of reinforcement，VR**）
- 固定时距强化计划表（**fixed interval schedule of reinforcement，FI**）
- 可变时距强化计划表（**variable interval schedule of reinforcement，VI**）

(1)固定比率强化计划表(FR)

在完成具体反应次数之后，给予强化物。

举例：孩子每三次正确反应之后，都得到一块饼干（FR-3）。

回合数	1	2	3	4	5	6	7	8	9	10	11
反应	正确	正确	正确	正确	正确	正确	正确	不正确	正确	不正确	正确
强化物（饼干）	第一次正确	第二次正确	第三次正确	第一次正确	第二次正确	第三次正确	第一次正确		第二次正确		第三次正确

在固定比率强化计划表中，往往会出现**强化后停顿**（**post-reinforcement pause**）。**强化后停顿**指个体得到强化物后，对 S^D 反应的短暂停顿。

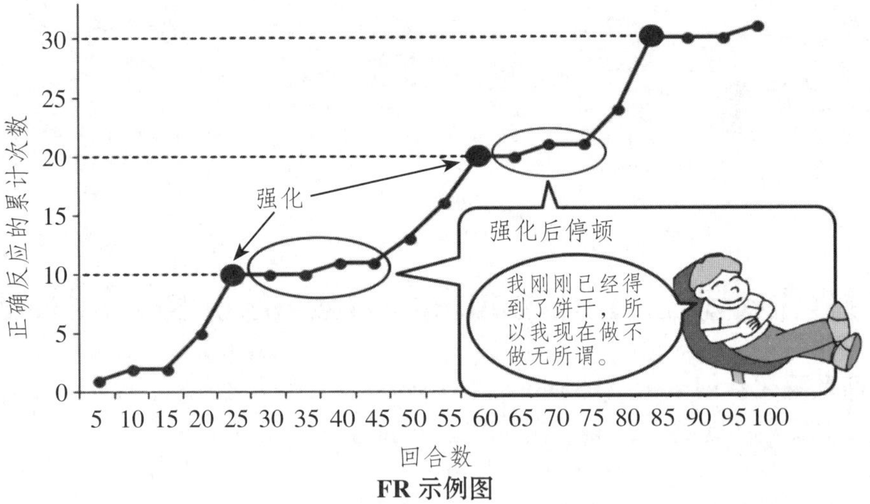

FR 示例图

当对比率的要求过高时，可能会出现**比率张力**（**ratio strain**）。**比率张力**是由于要求的比率较高而引起的反应下降。

（2）可变比率强化计划表（VR）

在完成不固定的反应次数之后，给予强化物。强化比率的平均次数是确定的。

回合数	1	2	3	4	5	6	7	8	9	10
反应	正确	正确	正确	正确	正确	正确	正确	正确	正确	正确
强化物（饼干）	⊘	⊘	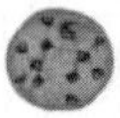	⊘	⊘	⊘	⊘	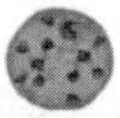	⊘	⊘

正确反应次数 = 10，强化物总数 = 2，10/2 = 5。这个例子是 VR-5（5 是平均强化率）。

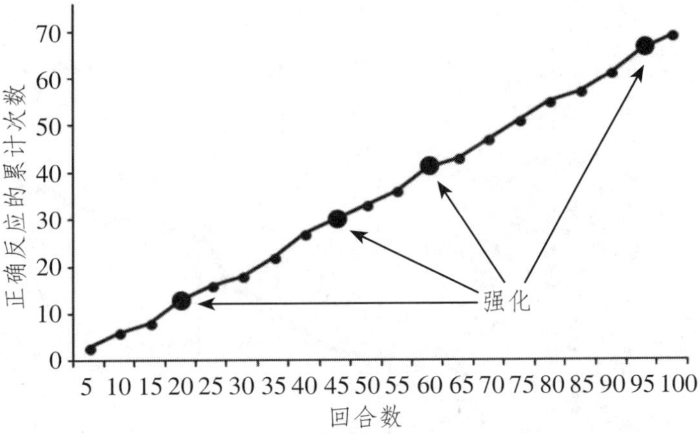

VR 示例图

与 FR 不同，VR 的反应比率是稳定的。因为个体不知道什么时候会有强化，所以他会一直做出反应，希望能很快获得强化。由于该特性，VR 往往是最抗拒消退的。

（3）固定时距强化计划表（FI）

在一段固定时间后，对出现的第一个反应马上提供强化物。

举例：每 20 分钟后，如果一个孩子仍在做功课，就会得到一块饼干（FI-20）。

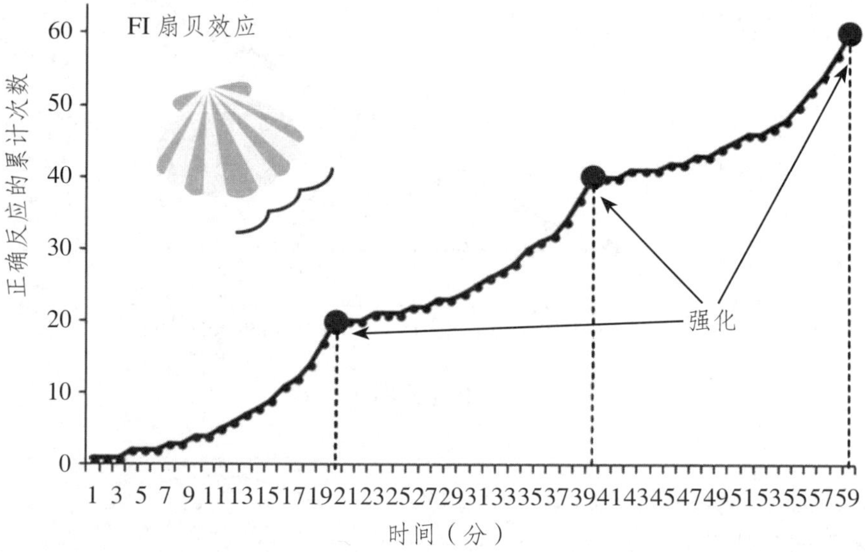

FI 示例图

在 FI 中，可以观察到与 FR 类似的**强化后停顿**现象。由于图上的曲线看起来像扇贝，因此该现象也被称为 **FI 扇贝效应**（**FI-scallop effect**）。

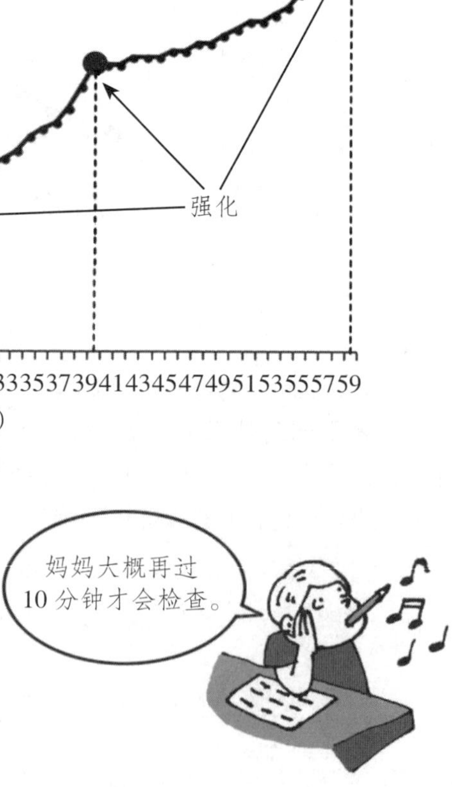

FI 中的强化后停顿

(4) 可变时距强化计划表(VI)

经过一段不固定的时间后，对出现的第一个反应提供强化物。强化的平均时距长度是确定的。

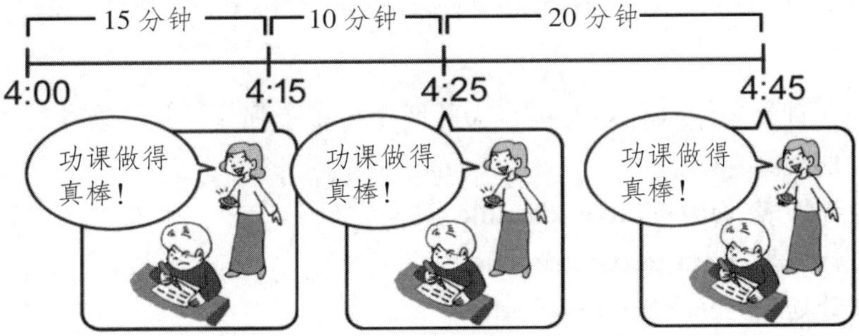

平均时长：(15 + 10 + 20) / 3 = 15。这个例子是 VI-15。

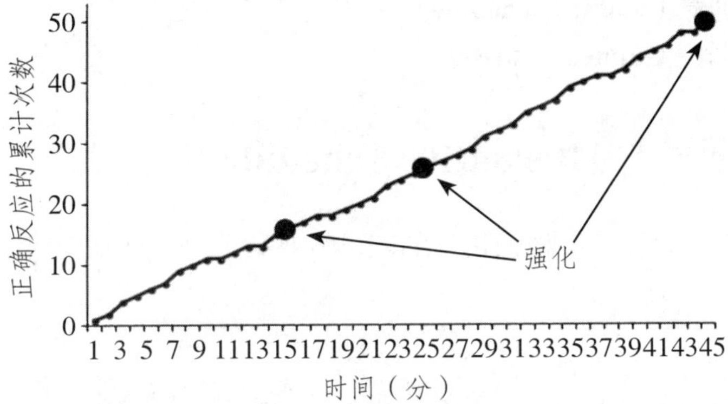

VI 的示例图

(5) 限时保留时距强化计划表　Interval Schedules with a Limited Hold

当在 FI 或 VI 中有限时保留时，个体在有限时间内可以获得强化物。如果个体没在可获得强化物的时间段内展现出正确反应，他就会失去强化物。

举例：FI-20 分钟 LH15 秒

火车每 20 分钟一班，每次开门 15 秒。如果你不在此时间段内上车，就会错过这班火车。

复合强化计划表
Compound Schedules of Reinforcement

复合强化计划表包括针对目标行为的两个或多个强化计划。有 7 种不同类型的复合强化计划表。

- **交替计划表（alternative schedule）**
- **结合计划表（conjunctive schedule）**
- **同步计划表（concurrent schedule）**
- **多重计划表（multiple schedule）**
- **混合计划表（mixed schedule）**
- **连锁计划表（chained schedule）**
- **联结计划表（tandem schedule）**

1. 交替计划表　Alternative Schedule

交替计划表（alt）是一种强化计划表，需要满足比率计划表或时距计划表，才可以获得强化物。

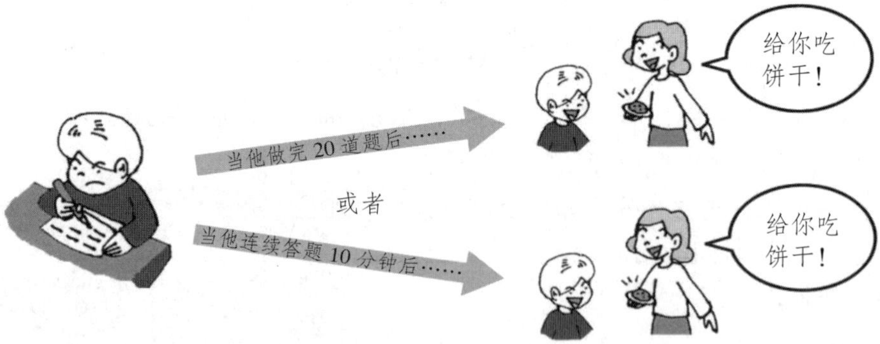

交替计划表 alt. FR-20 FI-10：给孩子布置一个任务。如果他做完了 20 道题或连续答题 10 分钟，就可以得到一块饼干

2. 结合计划表　Conjunctive Schedule

结合计划表（conj）是一种强化计划表，需要同时满足比率计划表和时距计划表，才能获得强化。

结合计划表 conj. FR-2 FI-10：一名上体育课的学生，她跳绳的成绩要想得 A，不仅要跳最少 10 分钟，还要跳 500 次以上

3. 同步计划表　Concurrent Schedule

同步计划表（conc）要求针对两种以上行为进行两个或多个强化计划表。两个计划表同时运行，但每个计划表都有自己的后效。

同步计划表 conc. FR-5 FI-10：当男孩吃了 5 根胡萝卜时，就可以得到 1 块巧克力。当他安坐 10 分钟时，就可以看 5 分钟电视

4. 多重计划表 Multiple Schedule

多重计划表（mult）需要两个或多个强化计划表来强化一种行为，每项计划表的呈现都有不同的刺激，并且每次只呈现一个计划表。

多重计划表 mult. FR-4 FI-10：男孩擦房间的窗户。当妈妈在家时，他擦 4 块玻璃得到 1 瓶汽水。当奶奶在家时，他连续擦 10 分钟玻璃得到 1 瓶汽水

5. 混合计划表 Mixed Schedule

混合计划表（mix）需要两个或多个强化计划表来强化一种行为，像多重计划表一样，一次只呈现一个计划表，但不同的是，呈现时没有明显的刺激。

混合计划表 mix. FR-5 FI-1：男孩有时在吃了 5 勺饭之后，可以听自己喜欢的音乐，有时在连续吃饭 1 分钟后，可以听自己喜欢的音乐

6. 连锁计划表 Chained Schedule

连锁计划表（chain）需要两个或更多的强化计划表，每个呈现时都有不同的刺激，而且完成第一个计划表会引导出下一个计划表。当它们全部按顺序完成，才得到最后的强化。

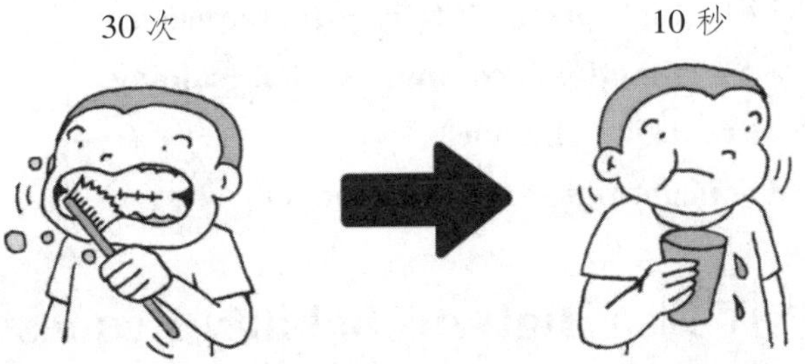

连锁计划表 chain. FR-30 FI-10：男孩刷牙时，要来回刷 30 次，然后再漱口 10 秒

7. 联结计划表 Tandem Schedule

联结计划表（tand）需要两个或更多的计划表，与连锁计划表类似，完成第一个计划表会引导出下一个计划表。不同的是，联结计划表不受明显刺激的控制。只有全部完成时，才能得到最后的强化。

联结计划表 tand. FR-10 FI-1：男孩先回答 10 个问题，然后再对话 1 分钟，他将会得到糖果

前事干预
Antecedent Interventions

前事干预指在目标行为发生前预防其发生的行为方法。前事干预有不同类型：

- **高几率要求序列（high-probability request sequence）**
- **功能性沟通训练（functional communication training）**
- **普墨克原则（Premack principle）**
- **非后效强化（noncontingent reinforcement）**

1. 高几率要求序列 High-probability Request Sequence

高几率要求序列是一种利用动量的前事干预，要求个体在完成多个简单任务后，立即执行一项非偏好任务，又被称为**行为动量（behavioral momentum）**。

简单任务：摸鼻子，拍手，跺脚
非偏好任务：起立

2. 功能性沟通训练 Functional Communication Training（FCT）

在功能性沟通训练中，教导个体沟通他的需求，而不是从事不适当的行为。

如果孩子在压力大的时候，有自伤行为史，那么可以在她出现自伤行为之前，教她说“我要休息”

3. 普墨克原则 Premack Principle

普墨克原则是通过将高频率行为（一种强化活动）放在低频率行为（一种个体可能不喜欢做的活动）之后，来控制个体的行为。

低频率行为：做数学作业
高频率行为：玩桌面游戏

4. 非后效强化 Noncontingent Reinforcement（NCR）

非后效强化是一种前事干预，无论目标行为发生与否，都根据固定或可变时距计划表提供强化。通过提供强化，教导者控制个体的 EO（建立操作），并减少出现目标行为的需要。

举例：如果孩子平均每 10 分钟就会大喊以要求注意力，你可以每 9 分钟（略少于 10 分钟）注意她一次。通过得到注意力，孩子将不再尖叫。

如果某人在 100 分钟内没吸烟就会大喊大叫，你可以每隔 95 分钟给他一次吸烟的休息时间（略少于 100 分钟）。吸烟会减低此人大喊大叫的 EO。

NCR 是非后效的，所以即使目标行为在时距期间被观察到，你也必须提供强化。

塑　　造
Shaping

塑造是一种将行为逐渐转变为预设的目标行为的方法。当使用塑造时，你将系统地强化与目标行为更接近的行为，而不再强化先前强化的行为。

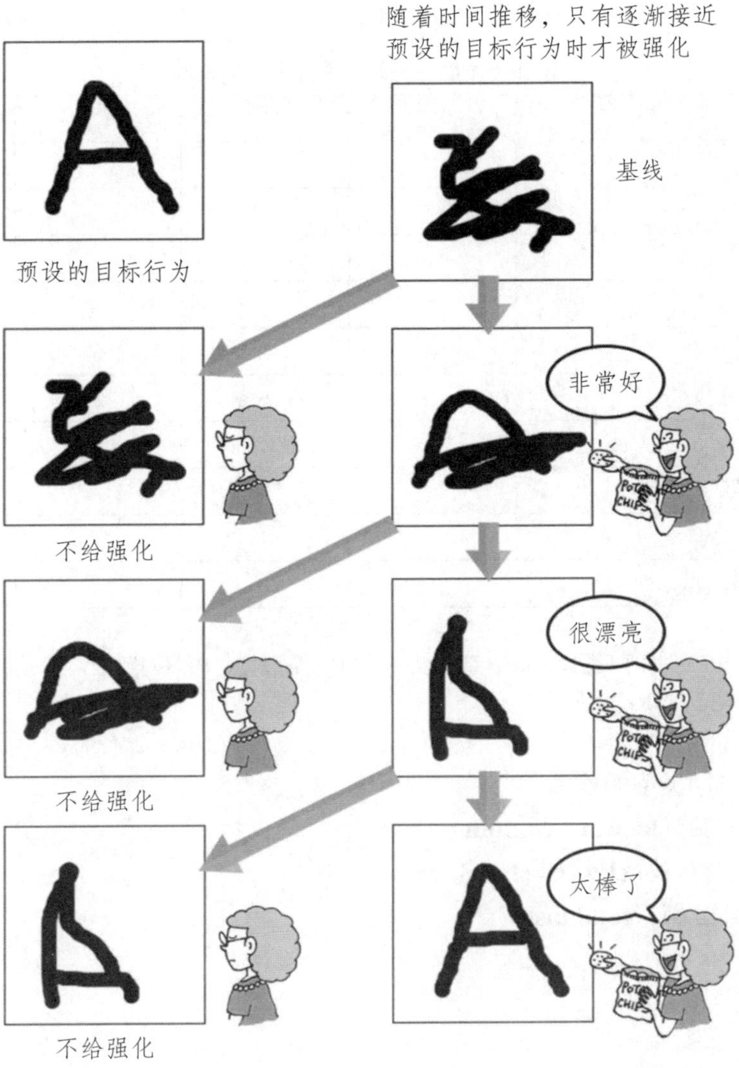

塑造举例：书写字母 A

连　　锁
Chaining

连锁是将一个任务分解成多个步骤，先专注于每个步骤，然后再将它们连起来的方法。在连锁中，使用**任务分析**（**task analysis**）来收集数据并测量进度。任务分析显示了划分的步骤和每个步骤的表现水平。

刷牙的任务分析以及表现水平的示例

步骤 / 日期				
1．浸湿牙刷				
2．挤上牙膏				
3．刷右下方牙齿				
4．刷左下方牙齿				
5．刷右上方牙齿				
6．刷左上方牙齿				
7．刷前面牙齿				
8．刷后面牙齿				
9．冲洗牙刷				
10．漱口				

表现水平：

I：独立完成，WP：书面 / 图片，PP：部分肢体，FP：全肢体，P：位置，IV：间接语言，DV：直接语言，M：示范，NR：无反应

有 3 种不同类型的连锁：

- **正向连锁**（**forward chaining**）
- **逆向连锁**（**backward chaining**）
- **全工作连锁**（**total task**）

1. 正向连锁　Forward Chaining

在**正向连锁**中，最初只针对任务中的第一步，个体在完成该步骤后会得到一个强化物。当个体达到掌握标准后，则必须完成第一步和第二步才给予强化物。只有个体按顺序掌握这些步骤时，才会展开下一步。

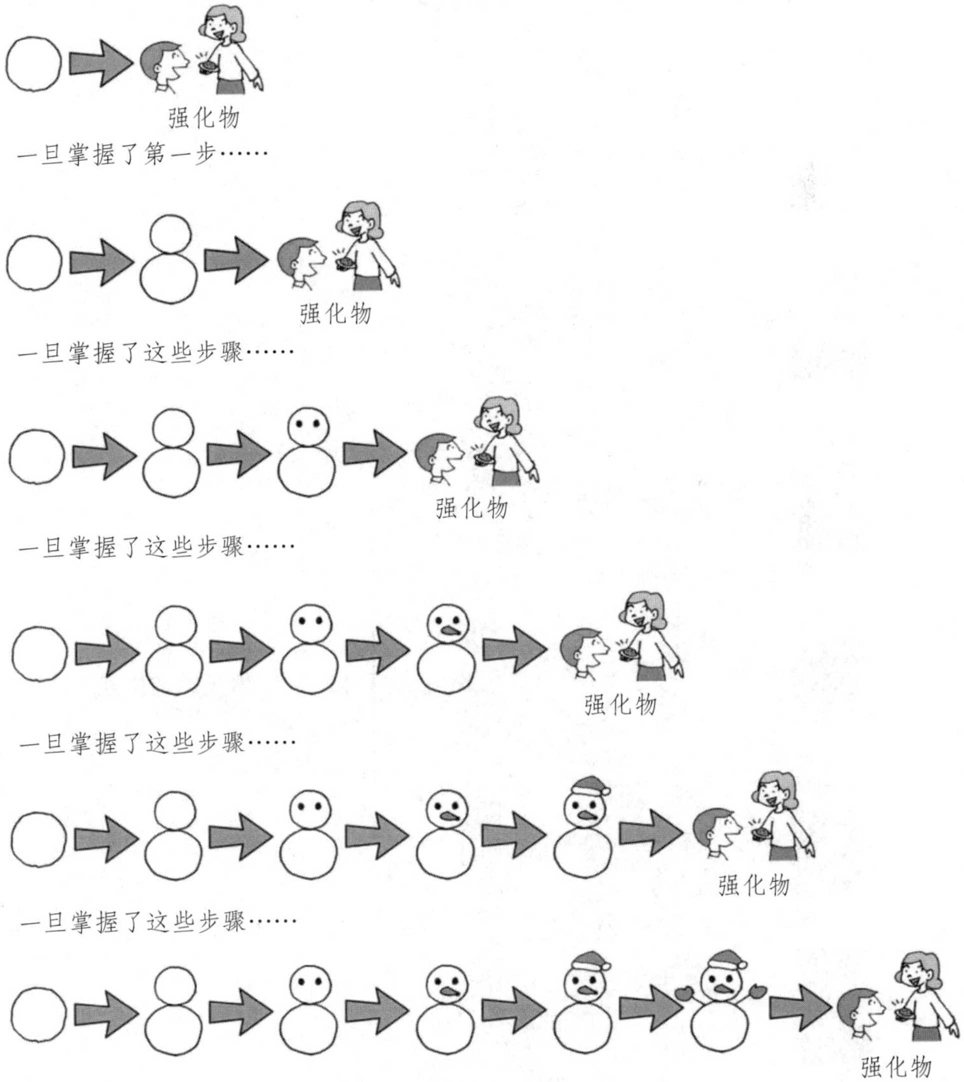

使用正向连锁来堆雪人

2. 逆向连锁 Backward Chaining

在**逆向连锁**中，最初只把任务的最后一步当做目标，个体在完成该步骤时会得到强化物。当个体达到掌握标准后，把最后一步和倒数第二步当做目标，只有完成后才能得到强化物。当按顺序掌握这些步骤时，才会展开后面的步骤。

在使用**跳跃式逆向连锁**（**backward chaining with leap aheads**）过程中，如果在探测时个体能做出正确反应，则可以跳过这些步骤。

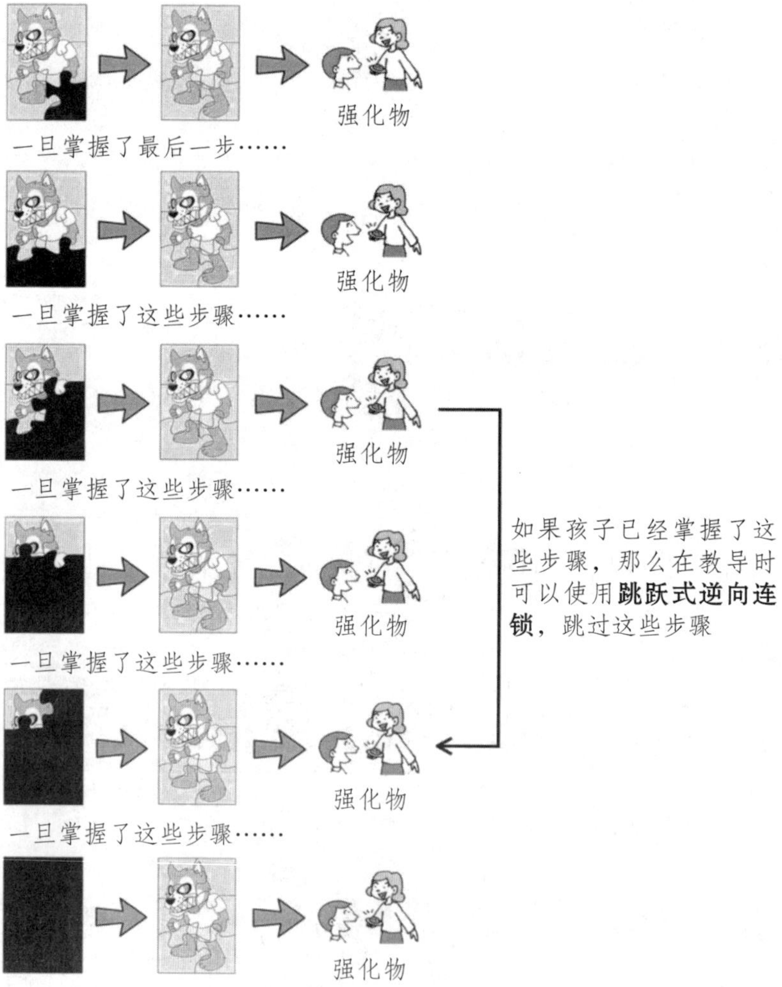

使用逆向连锁来完成拼图

3. 全工作连锁 Total Task

在**全工作连锁**中，同时教导所有的步骤，并在每一步完成后都提供一个小的强化物。在完成所有步骤后，个体会得到一个大的强化物。每个步骤都根据需要给予辅助。

①打开水龙头，给予口语强化

②把手打湿，给予口语强化

③通过语言辅助提示孩子使用肥皂

④搓搓手，给予口语强化

⑤把手冲洗干净，给予口语强化

⑥关掉水龙头，给予口语强化

⑦把手擦干净，给予口语强化

⑧完成所有步骤，给予有形的强化物

使用全工作连锁来洗手

代币制
Token Economy

代币制是一种将**代币**（**tokens**）作为目标行为后效的奖励系统。赚来的代币可以用来交换所选的强化物。

1. 代币 Tokens

代币有很多种形式，可以是一个筹码、一张贴纸、一枚硬币、一张票券、一个弹珠、一个标记或者一个打孔等。

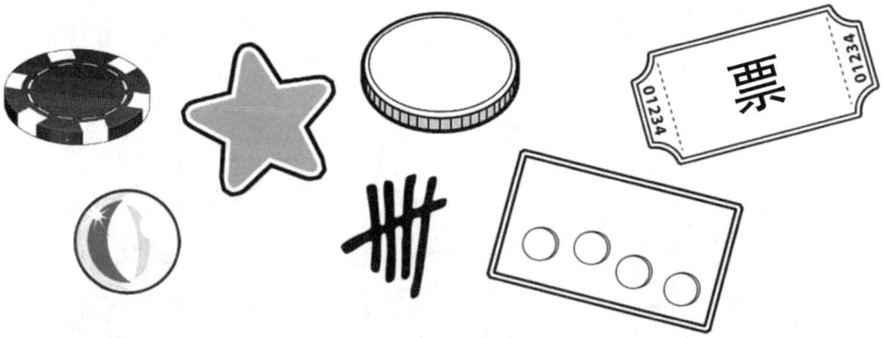

2. 代币板 Token Board

代币板就是用来放置已经挣得的代币的板子。

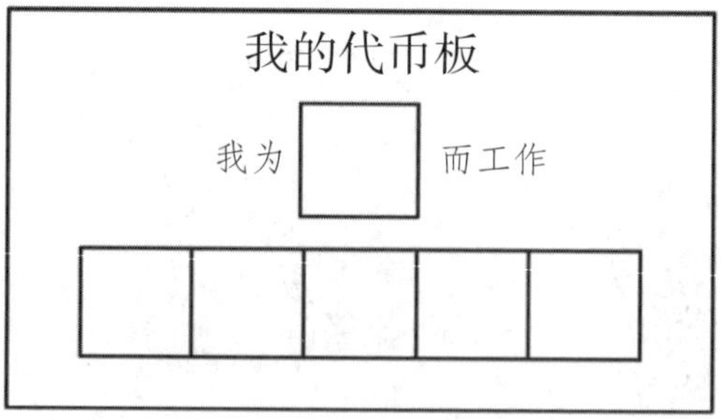

3. 后备强化物 Backup Reinforcer

后备强化物是指个体可以用特定数量的代币交换到的物品。

4. 反应代价 Response Cost

反应代价指个体出现不良行为时，扣除已挣得的代币的程序。这是一种负惩罚，只在有必要时才会使用。

5. 红利反应代价 Bonus Response Cost

红利反应代价是在使用代币制之前，提供预先确定数量的免费代币的程序。这样做是为了避免丢失所有代币的可能性。

6. 实施包括反应代价的代币制

（1）定义目标行为，并确定如何获得或扣除代币。
（2）选择后备强化物。
（3）确定个体必须挣多少个代币，才能获得后备强化物。
（4）如果使用红利反应代价，则需要提供额外的代币。
（5）开始实施代币制。
（6）根据个体的表现，提供或扣除代币。
（7）当个体达到标准时，提供强化物。

刺激等同
Stimulus Equivalence

刺激等同是指通过涉及与其他可互换刺激的关系，学习新的刺激的现象。

3 种刺激等同 *：

- 反射（**reflexivity**）
- 对称（**symmetry**）
- 转移（**transitivity**）

1. 反射　Reflexivity

反射是刺激等同的第一种。它呈现两个相同刺激的关系。当一个人看到 A 时，他可以将它与另一个 A 相匹配。（A = A）

2. 对称　Symmetry

对称是刺激等同的第二种，它表示两个刺激之间有可互换的关系。当把 A 展示给个体时，他能认出 A 是 B。（A = B）

* 译者注：此处原文为“刺激等同需要 3 个步骤”，有误。

3. 转移　Transitivity

转移是刺激等同的第三种，它表示三个刺激之间的互换关系。当个体被教导 A 等于 B、B 等于 C 时，他就会知道 A 也等于 C。（A = B，B = C，因此 A = C）

* 译者注：此处用了 25 美分的两种说法，quarter 和 25 cents。

团体后效
Group Contingencies

1. 独立型团体后效　Independent Group Contingency

只有符合后效标准的人，才会得到奖品。

2. 依赖型团体后效　Dependent Group Contingency

整个团队是否得到奖品，取决于一个人的表现，又称为**英雄程序**（**hero procedure**）。

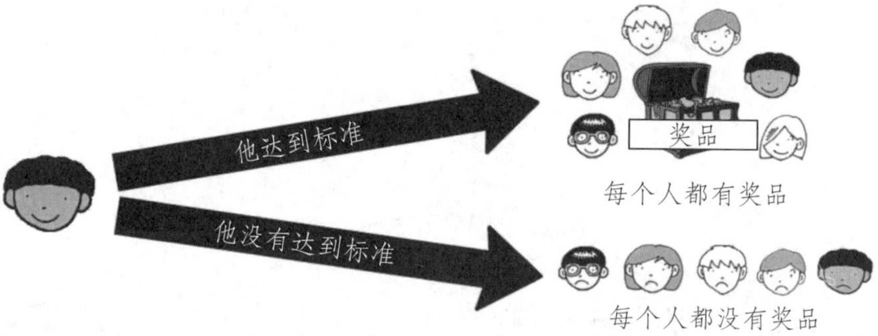

3. 互赖型团体后效　Interdependent Group Contingency

只有当一个团体的所有成员都达到后效标准时，才会给予奖品。

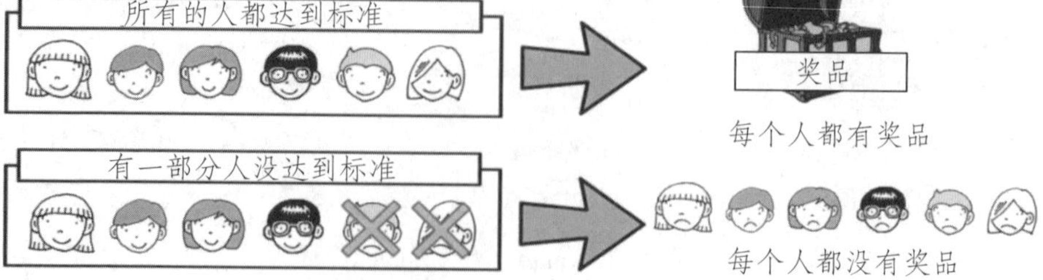

区辨训练
Discrimination Training

区辨训练是老师教个体对一个特定的刺激（S^D），而不是其他的刺激（S^Δ）做出反应的程序。

举例：当你教一个男孩投球时，你会展示这个球，只有当他投球时，你才强化他的行为。当他投石子或弹珠等其他物体时，你不会强化他的行为。

在区别性强化中，至少控制了两种行为（一种不适当行为和一种替代行为）。但在区辨训练中，只有一种行为，此行为根据所呈现的刺激（S^D 或 S^Δ）来决定是否得到强化。

在音乐课上唱歌，可以得到强化（音乐课是 S^D）

在数学课上唱歌，得不到强化（数学课是 S^Δ）

回合式操作训练
Discrete Trial Training

回合式操作训练（**discrete trial training，DTT**）是由伊万·洛瓦斯（Ivar Lovaas）开发的一种一对一的教学程序。它是高度结构化的，通过系统化的策略一项接一项地教授技能，又称为**回合式操作指导**（**discrete trial instruction，DTI**）。

当选择了一个目标之后，进行多个回合（反应的机会）练习，并在正确反应后提供强化。对于新引入的目标或困难的目标，在 S^D 之后和反应之前，会立即提供辅助。

DTT 的主要阶段：

- **集中回合**（**mass trial，MT**）
- **干扰回合**（**distractor trial，DT**）
- **扩展回合**（**expanded trial，ET**）
- **随机轮换**（**random rotation，RR**）

1. 集中回合　Mass Trial（MT）

在集中回合中，反复多次呈现同样的 S^D。

回合数	S^D
1	“摸苹果”
2	“摸苹果”
3	“摸苹果”
4	“摸苹果”
5	“摸苹果”

2. 干扰回合　Distractor Trial（DT）

在干扰回合中，多次将同一个 S^D 与其他已知或未知的物品同时呈现。

回合数	S^D
1	“摸球”
2	“摸球”
3	“摸球”
4	“摸球”

干扰物品（汽车、铅笔和机器人）展现出来

3. 扩展回合　Expanded Trial（ET）

在扩展回合中，在目标 S^D 中系统地加入已知物品的数量。

目标物品：马
已知物品：狗，猫，牛

回合数	S^D
1	“摸马”
2	“摸狗”
3	“摸马”
4	“摸猫”
5	“摸牛”
6	“摸马”
7	“摸狗”
8	“摸牛”
9	“摸猫”
10	“摸马”

（回合2）在 S^D 中有 1 个已知物品
（回合4–5）在 S^D 中有 2 个已知物品
（回合7–9）在 S^D 中有 3 个已知物品

4. 随机轮换　Random Rotation（RR）

在随机轮换中，目标物品与已知物品随机混在一起。

目标物品：红色
已知物品：蓝色，黄色

回合数	S^D
1	“摸红色”
2	“摸蓝色”
3	“摸黄色”
4	“摸红色”
5	“摸红色”

语言行为
Verbal Behavior

在语言行为中，有**仿说**（**echoic**）、**复制文字**（**copy a text**）、**命名**（**tact**）、**提要求**（**mand**）、**对话**（**intraverbal**）、**逐字读**（**textual**）和**转录**（**transcription**）（**听写，taking dictation**）。

1. 点对点对应　Point-to-point Correspondence

刺激和反应的开始、中间和结束都匹配。

说"Dinosaur（恐龙）"并重复"Dinosaur"，在开始、中间和结束都匹配

写在黑板上的"Dinosaur"和说出来的"Dinosaur"，在开始、中间和结束都匹配

2. 形式相似性　Formal Similarity

刺激和反应看起来、听起来或感觉起来都是一样的。

看见竖起大拇指就展示竖起大拇指，看起来一样

说"你好"和重复"你好"，听起来一样

3. 仿说　Echoic

仿说是指一个人重复另一个人说的话。

点对点对应：是

形式相似性：是

4. 复制文字　Copy a Text

复制文字是指一个人抄写所写的内容。

点对点对应：是

形式相似性：是

抄写黑板上写的词
“CAT”（猫）

5. 命名　Tact

命名是指一个人根据他看到、听到、闻到、尝到或触摸到的物品或动作，来说出此物体或动作。

点对点对应：否

形式相似性：否

6. 提要求　Mand

一个人要他想要的东西就是提要求，提要求中必须有 MO（动机操作）。

点对点对应：否

形式相似性：否

7. 对话　Intraverbal

当两个人进行语言交流时，就会发生对话，此时反应与刺激不同。

点对点对应：否

形式相似性：否

以上举例都不具有点对点对应，也没有形式相似性，所以是对话。

* 译者注：此处用了谢谢的两种说法，英语“thank you”和西班牙语“gracias”。

8. 逐字读　Textual

逐字读是指一个人读出所写的内容。

点对点对应：是

形式相似性：否

9. 转录　Transcription（听写　Taking Dictation）

转录是指一个人把他所听到的写下来。

点对点对应：是

形式相似性：否

语言行为的类型	点对点对应	形式相似性
仿说	是	是
复制文字	是	是
命名	否	否
提要求	否	否
对话	否	否
逐字读	是	否
转录（听写）	是	否

实验设计
Experimental Designs

实验设计是一组研究方法，包括基线阶段和治疗阶段，用来分析行为计划有效性，又被称为**单一受试设计（single subject design）**。

主要的实验设计类型：

- **倒返设计（reversal design）**
- **多重基线设计（multiple baseline design）**
- **逐变标准设计（changing criterion design）**
- **交替处理设计（alternating treatment design）**

1. 倒返设计　Reversal Design

在倒返设计中，收集基线数据后，引入治疗（自变项）。然后撤除治疗，看该治疗是否有效。之后再重新引入治疗，以确认数据水平的改变是由条件改变所造成的，因此治疗是有效的。

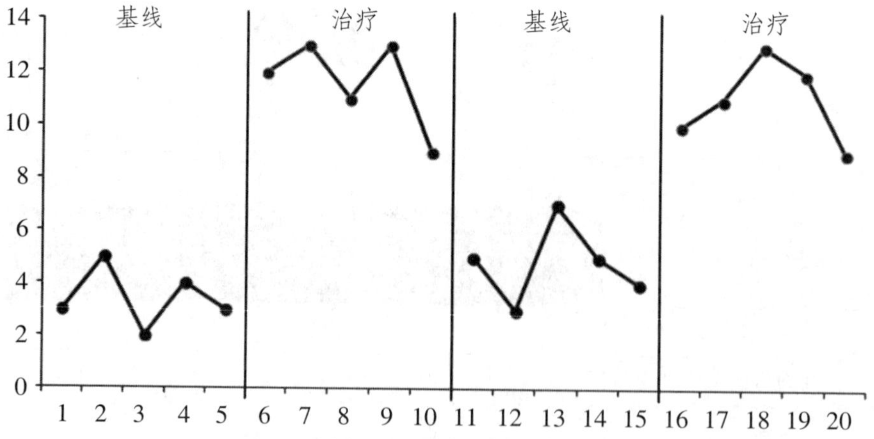

倒返设计示例图

2. 多重基线设计　Multiple Baseline Design

在多重基线设计中，你会在跨多名受试者、行为或环境中，研究治疗的有效性。在每个图中，治疗阶段从不同时期开始，以确认没有影响行为的混淆变项。

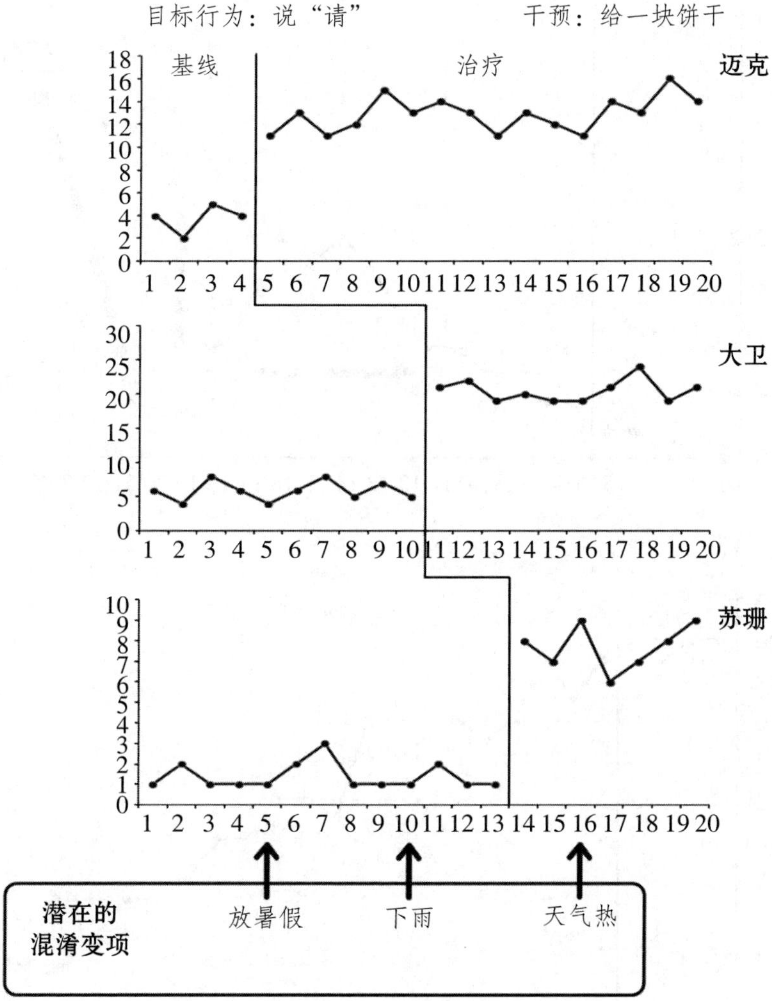

跨受试者的多重基线设计示例图

如果在同一时期将每位受试者引入治疗阶段，别人会说行为的改变是由于放暑假、下雨或天气热。通过在不同时期开始治疗，可以确认此治疗正在影响受试者的行为。

3. 逐变标准设计 Changing Criterion Design

在逐变标准设计中，选择一个目标行为，并随该行为的改进而系统地创建渐进标准，最终在连续阶段中实现目标行为。此设计可用于增加或减少目标行为的比率。

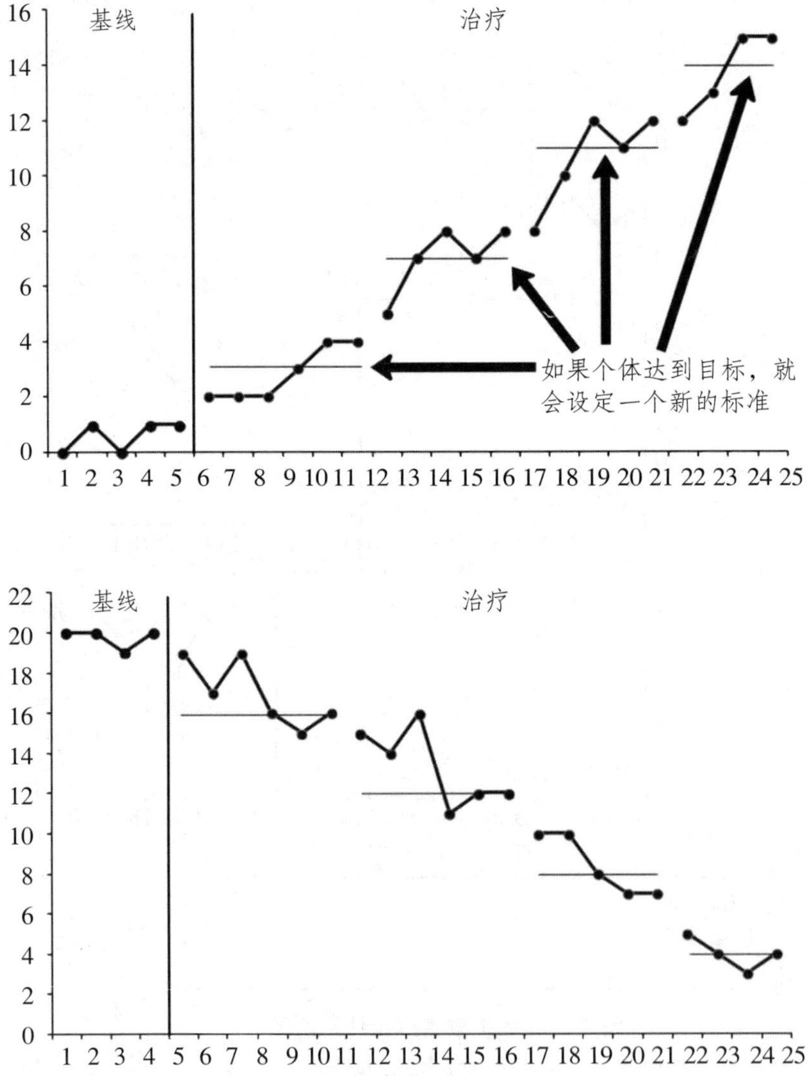

逐变标准设计示例图

4. 交替处理设计　Alternating Treatment Design

在交替处理设计中，将选择两种或两种以上的治疗方法，并测试它们的有效性。每种治疗之间没有条件变更线，但会快速并随机交替。又称为多重计划表设计（multiple schedule design）、同时治疗设计（simultaneous treatment design）。

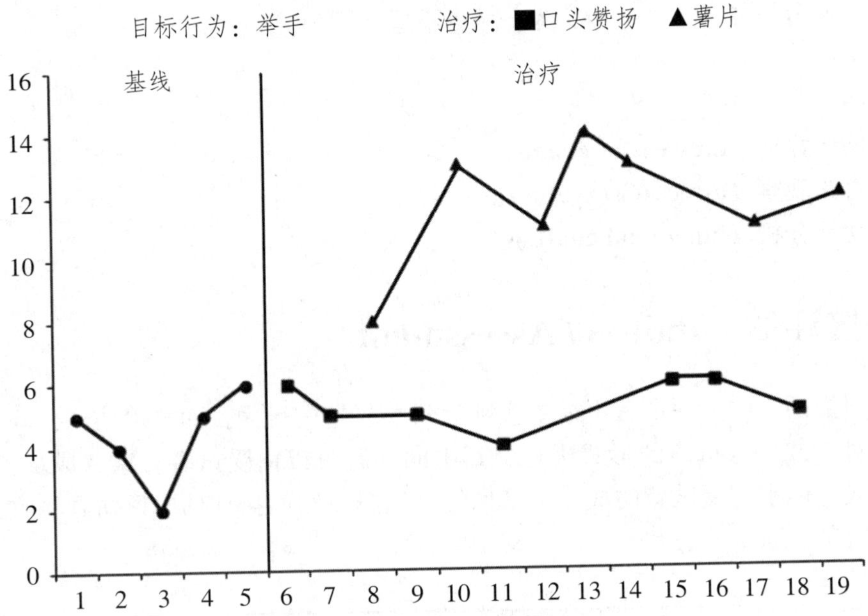

交替处理设计示例图

功能行为评估
Functional Behavioral Assessment

实施**功能行为评估**（**functional behavioral assessment**，**FBA**）可以研究一个人的行为，并分析如何增加适当行为、减少不适当行为。

FBA 有 3 个主要部分：

- **间接评估**（**indirect assessment**）
- **直接观察**（**direct observation**）
- **功能分析**（**functional analysis**）

1. 间接评估　Indirect Assessment

在间接评估中，评估者不需要实际观察感兴趣的行为，而是以访谈、问卷、调查、核对表或评分量表的形式进行。其中的问题可以由受试者、家庭成员、老师、照顾者或其他了解受试者的成年人来回答。通过进行间接评估，评估者将收集有关行为的信息。

间接评估中提出的问题举例

- 此行为看起来什么样？
- 此行为在哪里发生？
- 当此行为发生时，谁和受试者在一起？
- 别人对此行为如何反应？
- 此行为多久发生一次？
- 此行为最后一次发生是什么时候？
- 此行为会持续多久？
- 此行为的严重程度 / 强度怎么样？
- 什么时候此行为不会发生？

2. 直接观察　Direct Observation

在直接观察中，评估者在自然环境中观察个体，并客观地记录行为数据。在观察过程中，评估者不与个体互动，只是观察自然的活动。通过直接观察，评估者会知道行为何时发生，行为看起来什么样，什么可能在强化行为，行为发生的频率等。在观察过程中，评估者可以使用 ABC 记录来确定行为的功能。

评估者需要注意在观察过程中可能会发生的**反应化**（**reactivity**）。反应化是一种现象，当个体意识到自己被观察而改变行为时，就会发生反应化。

3. 功能分析　Functional Analysis

在功能分析中，评估者在人为环境中测试目标行为的发生。

功能分析有 5 种主要的条件：

- **注意力（attention）**
- **得到（access）**
- **逃避（escape）**
- **独处（alone）**
- **自由玩耍（free play）**

（1）注意力条件 Attention Condition

在注意力条件下，评估者只有在目标行为发生时，才给予个体注意力。

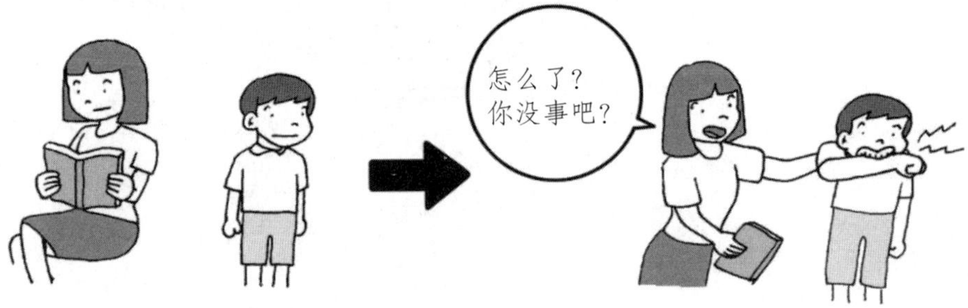

（2）得到条件 Access Condition

在得到条件下，评估者仅在目标行为发生时，才提供给个体想得到的物品。

（3）逃避条件 Escape Condition

在逃避条件下，评估者给个体一个非偏好任务，当目标行为发生时，该任务将立即被移除。

（4）独处条件 Alone Condition

在独处条件下，评估者将个体单独留在房间里，观察他在独自一人时，目标行为是否发生。

（5）自由玩耍条件 Free Play Condition

在自由玩耍条件下，评估者向个体提供活动的材料（玩具或游戏）并与他互动。评估者给予个体一定的注意力，在没有要求或没有非偏好任务的情况下，观察目标行为是否发生。

假设：目标行为的功能

在进行功能分析后，评估者将研究收集到的数据，并对目标行为功能做出假设。

如果行为在以下条件中频率很高	目标行为可能是
注意力条件	基于注意力
得到条件	基于得到
逃避条件	基于逃避
独处条件	基于感官
自由玩耍条件	

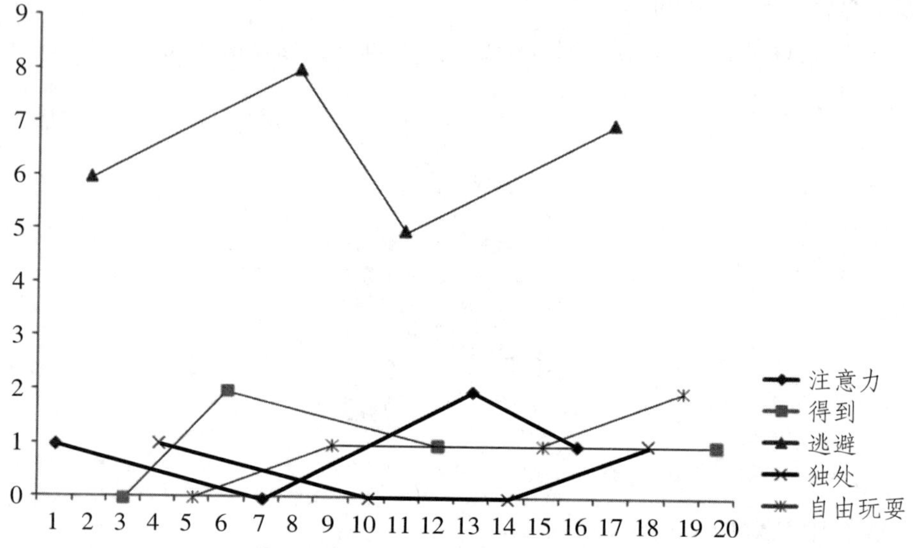

基于逃避的行为功能假设示例图

评估者必须意识到，在进行功能分析时，可能会暂时强化目标行为，因此，不应该在每种条件下都花费过多时间。

泛　化
Generalization

泛化指个体把在人为环境中学到的知识应用到其他自然环境中。当教授一项技能时，你必须考虑它是否能最终被应用于自然环境中。如果可以，那么你所教授的技能具有**外部效度**（**external validity**）。

泛化有 2 种类型：

- **反应泛化**（**response generalization**）
- **刺激泛化**（**stimulus generalization**）

1. 反应泛化　Response Generalization

反应泛化指个体在一个 S^D 出现时，能够做出不同的反应。

相同 S^D　　给出不同反应的能力

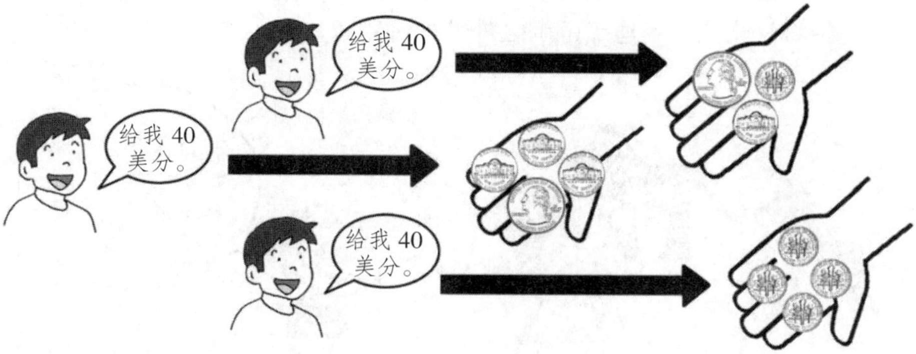

相同 S^D　　给出不同反应的能力

2. 刺激泛化　Stimulus Generalization

刺激泛化是指在不同的人、物、地点、情景或时间下给出刺激，个体都能做出反应。

跨人物的刺激泛化　　做出反应的能力

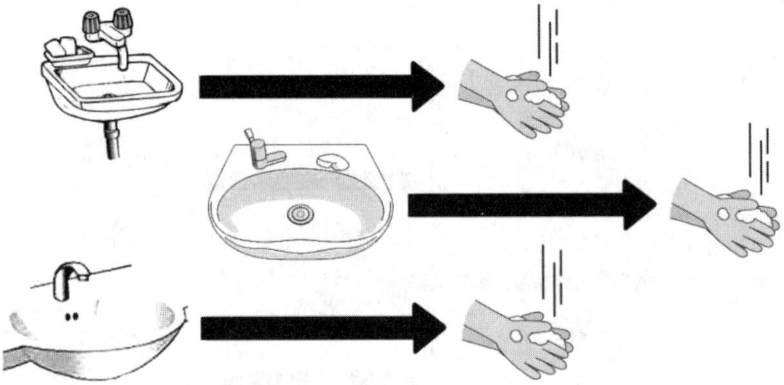

跨物品的刺激泛化（不同的水龙头）　　做出反应的能力（洗手）

如果在教导泛化时没有教授具体细节，就可能出现**过度泛化**（**over-generalization**）。过度泛化是指将泛化应用到适当范围之外的一种现象。

技能计划清单

请以此清单作为教学课程的指导。因为每个个体的技能水平不同，列出的年龄可能不与该技能准确对应，但可作为参考。

语言 / 沟通方面	
年龄：12 ～ 24 个月	
教学计划	目标
呼名反应 S^D • 叫名字	转头 目光接触
2D 接受性标签 S^D • “摸……” • “指……” • “……在哪里？”	牛奶，水，果汁，勺子，叉子，铅笔，蜡笔，橡皮擦，纸，书，电视，桌子，椅子，雨伞，肉，玉米，胡萝卜，番茄，葡萄，苹果，橙子，香蕉，花，房屋，汽车，船，飞机，自行车，火车，钥匙，太阳，月亮，云，山，河，彩虹，衬衫，裤子，夹克，袜子，内衣，狗，猫，兔子，鸡，鸭，猪，牛，马，羊，老鼠，大象，老虎，狮子，长颈鹿，猴子，斑马，蛇，鱼，海豚，螃蟹，章鱼，乌龟，鲨鱼，企鹅，恐龙，等等
3D 接受性标签 S^D • “摸……” • “指……” • “……在哪里？”	牛奶，水，果汁，勺子，叉子，铅笔，蜡笔，橡皮擦，纸，书，电视，桌子，椅子，雨伞，肉，玉米，胡萝卜，番茄，葡萄，苹果，橙子，香蕉，花，房屋，汽车，船，飞机，自行车，火车，钥匙，太阳，月亮，云，山，河，彩虹，衬衫，裤子，夹克，袜子，内衣，狗，猫，兔子，鸡，鸭，猪，牛，马，羊，老鼠，大象，老虎，狮子，长颈鹿，猴子，斑马，蛇，鱼，海豚，螃蟹，章鱼，乌龟，鲨鱼，企鹅，恐龙，等等
2D 表达性标签 S^D • “这是什么？”	牛奶，水，果汁，勺子，叉子，铅笔，蜡笔，橡皮擦，纸，书，电视，桌子，椅子，雨伞，肉，玉米，胡萝卜，番茄，葡萄，苹果，橙子，香蕉，花，房屋，汽车，船，飞机，自行车，火车，钥匙，太阳，月亮，云，山，河，彩虹，衬衫，裤子，夹克，袜子，内衣，狗，猫，兔子，鸡，鸭，猪，牛，马，羊，老鼠，大象，老虎，狮子，长颈鹿，猴子，斑马，蛇，鱼，海豚，螃蟹，章鱼，乌龟，鲨鱼，企鹅，恐龙，等等

3D 表达性标签 S^D • “这是什么？”	牛奶，水，果汁，勺子，叉子，铅笔，蜡笔，橡皮擦，纸，书，电视，桌子，椅子，雨伞，肉，玉米，胡萝卜，番茄，葡萄，苹果，橙子，香蕉，花，房屋，汽车，船，飞机，自行车，火车，钥匙，太阳，月亮，云，山，河，彩虹，衬衫，裤子，夹克，袜子，内衣，狗，猫，兔子，鸡，鸭，猪，牛，马，羊，老鼠，大象，老虎，狮子，长颈鹿，猴子，斑马，蛇，鱼，海豚，螃蟹，章鱼，乌龟，鲨鱼，企鹅，恐龙，等等
接受性识别人物身份 S^D • “摸……” • “指……” • “……在哪里？”	妈妈，爸爸，兄弟的名字，姐妹的名字，祖父，祖母，叔叔，阿姨，表兄妹的名字，亲密朋友的名字，宠物的名字
表达性识别人物身份 S^D • “这是谁？”	妈妈，爸爸，兄弟的名字，姐妹的名字，祖父，祖母，叔叔，阿姨，表兄妹的名字，亲密朋友的名字，宠物的名字
过来 S^D • “过来。”	各种不同的距离
接受性指令 S^D • 各种简单的动词 • “向我展示……”	跳跃，鼓掌，触摸，睡觉，喝，推，拉，搭建，唱歌，跳舞，挤压，吃，剪，画，写，笑，哭，转身，走，跑，休息，等等
提要求（非语音） • 具有 MO（动机操作）	指向所需物品，将某人引导至所需物品
语言模仿 S^D • “说……”	带有“b”“h”“m”“n”“p”“w”发音的词
年龄：2 ～ 3 岁	
教学计划	**目标**
提要求 • 具有 MO（动机操作）	标记物品 “我想要……”
道歉 S^D • 孩子做错某事	“对不起。”

接受性识别身体部位 S^D • “摸……” • “指……” • “……在哪里？”	眼睛，鼻子，嘴，耳朵，头，肚子，手，膝盖，肩膀，头发，手指，肘，手臂，脚，腿，脚趾，等等
表达性识别身体部位 S^D • “这是什么？”	眼睛，鼻子，嘴，耳朵，头，肚子，手，膝盖，肩膀，头发，手指，肘，手臂，脚，腿，脚趾，等等
接受性识别颜色 S^D • “摸……” • “指……” • “……在哪里？”	红色，黄色，蓝色，绿色，橙色，紫色，棕色，粉红色，黑色，白色，灰色，金色，银色
表达性识别颜色 S^D • “这是什么颜色？”	红色，黄色，蓝色，绿色，橙色，紫色，棕色，粉红色，黑色，白色，灰色，金色，银色
接受性识别形状 S^D • “摸……” • “指……” • “……在哪里？”	圆形，三角形，正方形，矩形，椭圆形，星形，心形，菱形，等等
表达性识别形状 S^D • “这是什么形状？”	圆形，三角形，正方形，矩形，椭圆形，星形，心形，菱形，等等
接受性识别性别 S^D • “摸……” • “指……” • “……在哪里？”	男孩，女孩，男人，女人
表达性识别性别 S^D • “这是谁？”	男孩，女孩，男人，女人
表达性动作 先备技能：接受性指令 S^D • “你在做什么？”	“我在________(动词)。” 跳跃，鼓掌，触摸，睡觉，喝，推，拉，搭建，唱歌，跳舞，挤压，吃，剪，画，写，看电视，玩耍，说话，做饭，笑，哭，转身，走，跑，折断，梳头发，刷牙，等等

回答是 / 否问题：想要的 S^D • “你想要……吗？”	“是。” “不。”
在两种物品中选择 先备技能：提要求 S^D • “你想要哪一个，……还是……？”	标记物品 “我想要……”
回答是 / 否问题：事实 S^D • “这是……吗？”	“是。” “不是。”
表达痛苦 1 S^D • 可见的伤害	展示受伤的地方，并说“哎呀”或“受伤了”
语言模仿 S^D • “说……”	带有“d”“k”“g”“t”“ng”“f”“y”发音的单词
年龄：3 ~ 4 岁	
教学计划	**目标**
提要求 • 具有 MO（动机操作）	“我能……吗？” “我可以……吗” “你能……吗？”
自信果敢 S^D • 呈现非偏好的情景	放开我，住手，打断一下，把它还给我，不要这样做，我不喜欢，等等
多重接受性指令 先备技能：接受性指令 S^D • “(动词) 并且 (动词)。”	例：“关灯并且关门。”
接受性介词 S^D • “放在……（介词）”	上面，旁边，前面，里面，下面，后面
表达性介词 S^D • “……在哪里？”	上面，旁边，前面，里面，下面，后面

接受性代词 S^D • “摸他的 / 她的……” • “指他的 / 她的……” • “他的 / 她的……在哪里？”	他的，她的
表达性代词 S^D • “谁有……？” • “这是谁的？”	我，你，他，她，我的，你的，他的，她的
接受性所有格代词 S^D • “摸他的 / 她的……” • “指他的 / 她的……” • “他的 / 她的……在哪里？”	他的，她的
表达性所有格代词 S^D • “这是谁的？”	我的，你的，他的，她的
相互陈这 S^D • “我看见……” • “我有……”	例： 成人：“我看见一只鸟。”→孩子：“我看见一支笔。” 成人：“我有一把勺子。”→孩子：“我有一个书包。”
回答问题 1 S^D • 各种不同问题	“你好吗？” “你叫什么名字？” “你姓什么？” “你几岁？” “你妈妈叫什么名字？” “你爸爸叫什么名字？” “你哥哥 / 姐姐叫什么名字？”
过去时（规则***）** S^D • “你刚才做了什么？” • “我刚才做了什么？”	跳跃，鼓掌，触摸，推，拉，跳舞，挤压，观看，玩耍，交谈，做饭，笑，哭，转身，走，梳头，刷牙，等等
将来时 S^D • “你会做什么？” • “你将会做什么？”	“我会……” “我将会……”

* 译者注：此处指英文中的规则动词。

问“什么”问题 **WHAT** • MO 问“什么”问题	例： 成人：“我有你喜欢的东西。” 孩子：“它是什么？”“你有什么？”
问“哪里”问题 **WHERE** • MO 问“哪里”问题	例： 成人：“让我们给这个涂色！” 孩子：“我的蜡笔在哪里？”
问“何时”问题 **WHEN** • MO 问“何时”问题	例： 成人：“你现在不能……” 孩子：“我什么时候可以……？”
问“谁”的问题 **WHO** • MO 问“谁”问题	例： 成人：“有人在这里！” 孩子：“谁？” 成人：“有人有……” 孩子：“谁有……？”
问“为什么”问题 **WHY** • MO 问“为什么”问题	以“你知道为什么吗？”开头，并让孩子问“为什么？”。
接受性类别 **S^D** • “摸……（类别）。” • “指……（类别）。” • “……（类别）在哪里？”	动物，食物，虫子，家具，衣服，交通工具，蔬菜，水果，形状，数字，颜色，等等
表达性类别 **S^D** • “它们是什么？”	动物，食物，虫子，家具，衣服，交通工具，蔬菜，水果，形状，数字，颜色，等等
分类 先备技能：类别 **S^D** • “给这个分类。”	按类别对物品进行分类： 交通工具，动物（农场动物），食物（肉，水果，蔬菜），家具，衣服，虫子，等等
表达偏好 **S^D** • “什么是你最喜欢的……？” • “你喜欢什么……？” • “你想……什么？”	食物，饮料，动物，游戏 / 活动，电视节目，电影，主题，书籍，歌曲，玩具，等等

一样 / 不一样 S^D • “这些一样还是不一样？” • “哪一个不一样？”	“一样。” “不一样。” “这个不一样。”
接受性功能 S^D • “摸你用来……（动词）的那个。” • “指你用来……（动词）的那个。” • “你用哪个……（动词）？”	剪，画，擦除，骑乘，驾驶，喝，打电话，穿，打，吃，写，睡觉，读，看，扔，坐，等等
表达性功能 S^D • “你用……干什么？”	剪刀，铅笔，橡皮，自行车，汽车，饮用水，电话，衣服，锤子，勺子，叉子，刀，蜡笔，床，书，电视，球，杯子，鞋，椅子，等等
接受性属性 S^D • “哪一个是……？”	软，硬，大，小，浅，深，重，轻，长，短，粗糙，光滑，发黏，卷曲，肮脏，干净，湿，干，等等
表达性属性 S^D • “告诉我……”	软，硬，大，小，浅，深，重，轻，长，短，粗糙，光滑，发黏，卷曲，肮脏，干净，湿，干，等等
接受性特征 S^D • “摸有……的那个。” • “指有……的那个” • “哪个有……？”	羽毛，喙，躯干，角，鬃毛，尾巴，鳍，胡须，锋利的牙齿，爪子，翅膀，等等
表达性特征 S^D • “它有什么？”	羽毛，喙，躯干，角，鬃毛，尾巴，鳍，胡须，锋利的牙齿，爪子，翅膀，等等
接受性反义词 先备技能：属性 S^D • “摸与……相反的那个。” • “指与……相反的那个……” • “与……相反的是？”	软 / 硬，大 / 小，浅 / 深，重 / 轻，长 / 短，粗糙 / 光滑，卷曲 / 直，肮脏 / 干净，湿 / 干，空 / 满，等等

表达性反义词 先备技能：属性 S^D • “……的反面是什么？”	软 / 硬，大 / 小，浅 / 深，重 / 轻，长 / 短，粗糙 / 光滑，卷曲 / 直，肮脏 / 干净，湿 / 干，空 / 满，等等
接受性姿势 S^D • “向我展示……”	竖大拇指，过来，停，是，不是，我不知道，我很热，我很冷，我在想，我很受伤，等等
表达性姿势 S^D • “这是什么意思？”	竖大拇指，过来，停，是，不是，我不知道，我很热，我很冷，我在想，我很受伤，等等
接受性识别大写字母 S^D • “摸……” • “指……” • “……在哪里？”	A，B，C，D，E，F，G，H，I，J，K，L，M，N，O，P，Q，R，S，T，U，V，W，X，Y，Z
表达性识别大写字母 S^D • “这是什么字母？”	A，B，C，D，E，F，G，H，I，J，K，L，M，N，O，P，Q，R，S，T，U，V，W，X，Y，Z
接受性识别小写字母 S^D • “摸……” • “指……” • “……在哪里？”	a，b，c，d，e，f，g，h，i，j，k，l，m，n，o，p，q，r，s，t，u，v，w，x，y，z
表达性识别小写字母 S^D • “这是什么字母？”	a，b，c，d，e，f，g，h，i，j，k，l，m，n，o，p，q，r，s，t，u，v，w，x，y，z
接受性识别数字（1～20） S^D • “摸……” • “指……” • “……在哪里？”	1，2，3，4，5，6，7，8，9，10，11，12，13，14，15，16，17，18，19，20
表达性识别数字（1～20） S^D • “这是几？” • “多少？”	1，2，3，4，5，6，7，8，9，10，11，12，13，14，15，16，17，18，19，20

接受性排序 S^D • “按顺序排列。”	3 步视觉序列卡
表达性排序 S^D • “告诉我这个故事。”	3 步视觉序列卡 孩子：“首先……然后……最后……”
传达信息 S^D • “去告诉……（人）……（陈述）。”	例： 成人：“去告诉妈妈‘我赢了比赛’。” 孩子走向妈妈，说：“我赢了比赛。”
表达痛苦 2 S^D • 可见的伤害，内部疼痛	“（身体部位）很疼。”
音量：模仿 S^D • “说……（轻声）” • “说……（大喊）”	例： 成人：“说饼干。”（轻声）→孩子：“饼干。”（轻声） 成人：“说饼干！”（大喊）→孩子：“饼干！”（大喊）
音量：指令 S^D • “轻声说（1 个词）。” • “大喊（1 个词）。”	例： 成人：“轻声说饼干。”→孩子：“饼干。”（轻声） 成人：“大喊饼干。”→孩子：“饼干！”（大喊）
语言模仿 S^D • “说……”	带有“r”“l”“s”“ch”“sh”“z”发音的词
年龄：4 ～ 5 岁	
教学计划	**目标**
自信果敢（高级） 先备技能：传递消息 S^D • 呈现非偏好情景	呈现非偏好情景，并在孩子要求停止后仍不停止 孩子：“我要告诉（成人）。”
回答问题 S^D • 各种不同问题	“你住在哪里？” “你的地址是什么？” “你的电话号码是什么？” “你的生日是什么时候？” “你念哪所学校？”

接受性代词 S^D • “摸……” • “指……” • “……在哪里？”	我的，你的，我们的，他们的
表达性代词 S^D • “谁有……？” • “谁是……？”	我们，他们
接受性所有格代词 S^D • 摸……” • “指……” • “……在哪里？”	我的，你的，我们的，他们的
表达性所有格代词 S^D • “这是谁的？”	我们的，他们的
过去时（不规则*） S^D • “你刚才做了什么？” • “我刚才做了什么？”	吃了，喝了，建造了，写了，画了，睡了，跑了，开车了，唱歌了，摔了，等等
视觉描述 先备技能：特征，功能，属性 S^D • “告诉我有关……的 3 件事。”	例： 成人：(展示兔子的图片)“告诉我有关兔子的 3 件事。” 孩子：“它是一种动物，它很软，而且会跳。”
没有视觉的描述 先备技能：特征，功能，属性 S^D • “告诉我有关……的 3 件事。”	例： 成人：(没有视觉)“告诉我有关香蕉的 3 件事。” 孩子：“它是一种水果，它是黄色的，而且很长。”
从描述中猜测 S^D • (给出 3 项描述后)“我在想什么？”	例： 成人：“我在想的东西是绿色的，它跳得高，有长舌头。” 孩子：“青蛙。”

* 译者注：此处指英文中的不规则动词。

缺失的项目 **S**^{D} • “少了什么东西？” • “谁不见了？”	缺少的身体部位，数字，颜色，家庭成员
接受性识别数字（21～100） **S**^{D} • “摸……” • “指……” • “……在哪里？”	21 ～ 100
表达性识别数字（21 ～ 100） **S**^{D} • “这是几？” • “多少？”	21 ～ 100
接受性比较 1 先备技能：反义词 **S**^{D} • “摸那个……的”	更大，更小，更软，更硬，更重，更轻，更低，更高，更厚，更薄，更深，更浅
表达性比较 1 先备技能：反义词 **S**^{D} •（比较 2 项物品）“给我讲讲这个物品。”	更大，更小，更软，更硬，更重，更轻，更低，更高，更厚，更薄，更深，更浅
接受性比较 2 先备技能：反义词 **S**^{D} • “摸那个最……的。”	最大，最小，最软，最硬，最重，最轻，最低，最高，最厚，最薄，最深，最浅
表达性比较 2 先备技能：反义词 **S**^{D} •（比较 3 项以上的物品）“给我讲讲这个物品。”	最大，最小，最软，最硬，最重，最轻，最短，最高，最厚，最薄，最深，最浅
讲一个简单的故事 先备技能：表达性排序，过去时 **S**^{D} • “发生了什么？”	讲述孩子过去事件中的一个简单故事

借助视觉保持话题（最长 1 分钟） S^D • “让我们来谈谈……”	例： 成人：（展示农场的图片）“让我们来谈谈农场。”
无视觉保持话题（最长 1 分钟） S^D • “让我们来谈谈……”	例： 成人：（无视觉）“让我们来谈谈电影。”
索问是 / 不是问题 先备技能：传递消息 S^D • “去问（人）（是 / 不是问题）然后回来。”	例： 成人：“去问爸爸，‘我可以玩捉迷藏吗？’。” 孩子：（走向爸爸，问他）“我可以玩捉迷藏吗？”（回到成人那里，说）“爸爸说可以。”
索问 WH 问题 * 先备技能：传递消息 S^D • “去问（人）（WH 问题）然后回来。”	成人：“去问爸爸，‘你最喜欢的食物是什么？’。”孩子：（走向爸爸并问他）“你最喜欢的食物是什么？”（回到成人那里，说）“爸爸说巧克力。”
接受性识别运动 S^D • “摸……” • “指……” • “……在哪里？” • “向我展示……”	橄榄球，篮球，棒球，足球，网球，游泳，高尔夫，排球，拳击，体操，空手道，羽毛球，滑雪，冰球，滑冰，单板滑雪，轮滑，滑板，乒乓球，保龄球，冲浪，等等
表达性识别运动 S^D • “这是什么运动？”	橄榄球，篮球，棒球，足球，网球，游泳，高尔夫，排球，拳击，体操，空手道，羽毛球，滑雪，冰球，滑冰，单板滑雪，轮滑，滑板，乒乓球，保龄球，冲浪，等等
简单的时间概念 S^D • “是早上、下午还是晚上？”	使用 2D 卡片 一天的实际时间
语音模仿 S^D • “说……”	带有“j”“v”发音的词

* 译者注：WH 代表哪里、谁、什么时间。

年龄：5 ~ 6 岁	
教学计划	目标
常见词 S^D • “这个怎么念？”	一，在，和，是，大，可以，来，做，向下，因为，去，有，他，这里，我，它，像，一点儿，看，我的，不，玩，说，看，她，坐，小，所以，这个，也，向上，我们，什么，谁
语音 S^D • “它发什么音？”	a，b，c，d，e，f，g，h，i，j，k，l，m，n，o，p，q，r，s，t，u，v，w，x，y，z
解码字词 S^D • “它怎么念？”	元音 - 辅音 辅音 - 元音 - 辅音
复制文字 S^D • “抄这个。”	单词 短句
转录 S^D • “写（单词 / 短句）”	例： 成人：“写‘狗’。” 孩子写“狗”
一周中的日子 S^D • “今天是星期几？” • “昨天是星期几？” • “明天是星期几？”	星期一至星期天
一年中的月份 S^D • “现在是几月？”	一月至十二月
讲故事（高级） 先备技能：讲一个简单故事，有描述能力 S^D • “你今天做了什么？” • “你昨天做了什么？” • “你明天要做什么？”	讲述事件的详细故事
告诉时间（数字） S^D • “现在几点？”	
告诉时间（指针） S^D • “现在几点？”	

表达痛苦 3 S^D 可见的损伤和体内疼痛	描述疼痛（隐隐的，尖锐的，火烧火燎的）
语言模仿 S^D • “说……”	带有“th”发音的词（在“thumb”和“this”中）
年龄：6 岁以上	
教学计划	**目标**
读一句话 S^D • “读。”	从简单的句子开始
遵循书面指令 先备技能：读一句话 S^D • 给出书面指令	例： 成人给孩子一张写着“关门”的卡片 孩子关上门
遵守规则 S^D • 给出规则	在玩游戏或参加活动前，请给孩子规则
告诉规则 S^D • “告诉我规则。”	在玩游戏或参加活动后，请孩子告诉你规则
预测 S^D • “你认为会发生什么？”	天空乌云密布，开快车，在街上玩，玩到深夜，不上学，在寒冷的天气游泳，不做作业，不锁门，不打扫房间
总结一个故事 S^D • “总结故事。”	读完故事
主要意思 S^D • “主要意思是什么？”	读完故事
事实还是虚构 S^D • “这是事实还是虚构？”	读完故事
语言模仿 S^D • “说……”	带有“zh”发音的词（在“measure”中）

社交 / 游戏 / 安全方面	
年龄：12 ～ 24 个月	
教学计划	**目标**
独立 / 平行游戏	木桩拼图，火车，汽车，玩偶，橡皮泥，等等
眼神接触	眼神交流
与成人一起	在成年人触手可及的地方一起走
跟随领导者	孩子跟随领导者
帮助他人	当有人掉落物品时，当有人试图去拿靠近孩子的物品时，当有人寻找某物时，当有人打扫卫生时，等等
年龄：2 ～ 3 岁	
教学计划	**目标**
独立 / 平行游戏	连锁拼图（4 ～ 12 片），火车，汽车，玩偶，橡皮泥，积木，等等
假扮游戏（物品） S^D • “让我们假装这是……”	香蕉当做电话，橡皮当做汽车
体育活动	捉迷藏，捉人游戏，跳房子，猴子在中间，曲棍球，玫瑰花环，等等
圆圈时间	读 1 本书（最多 2 分钟）
问候	同伴出现 / 离开 听到“你好” / “再见” 握手
共同注意 1 S^D • 不注意孩子	孩子叫名字 孩子拍肩膀
共同注意 2 S^D • “看……”（视觉项目）	孩子看着物品 孩子指着物品并说：“看！”
年龄：3 ～ 4 岁	
教学计划	**目标**
独立 / 平行游戏	连锁拼图（12 ～ 24 片）
假扮游戏（环境） S^D • “假装我们在……”	洞穴，海洋，太空，丛林，雪山
互动活动	红灯和绿灯，西蒙说，冷和热

圆圈时间	读 1 本书（最多 5 分钟）
桌面 / 卡片游戏	配对游戏，糖果世界，滑坡和梯子游戏，等等
接受性情绪 **S^D** • “摸……” • “指……” • ……是哪个？”	快乐，悲伤，愤怒，害怕，惊讶，疲倦
表达性情绪 1 **S^D** • “他 / 她感觉如何？”	快乐，悲伤，愤怒，害怕，惊讶，疲倦
应对技能 1 **S^D** • “深呼吸。” • “让我们数到 10。” • “让我们选择其他东西。”	深吸一口气，数数，寻求帮助，休息，选择其他活动，等等 应该在孩子不感到沮丧时，练习这种方法。一旦它存在于他 / 她的技能库中，他 / 她在沮丧时就可使用
轮流 **S^D** • “轮到我了。” • “轮到你了。”	
分享 **S^D** • “让我们分享这个。”	确保有合理的数量来与他人分享（1 块糖相对于 1 袋爆米花）
不打断对话 **S^D** • 2 个人说话	
等待 1 **S^D** • “等我完成……后” • “等你完成……后”	让孩子等待，直到完成一项简单活动
年龄：4 ~ 5 岁	
教学计划	**目标**
独立 / 平行游戏	连锁拼图（24 ~ 50 片）
独立活动中心	最多 3 个中心 儿童应该独立从事一项活动，然后在合适的时间，过渡并从事下一项活动

圆圈时间	读 1 本书（最多 10 分钟）
桌面 / 卡片游戏	UNO，钓鱼，饥饿的河马，叠叠乐游戏，四子棋，让我们去钓鱼，等等
表达性情绪 2 **S^D** • “如果……你会感觉如何？” • （给出一种情景），“你觉得他 / 她会感到什么？” • “你什么时候感觉……？”	
应对技巧 2 **S^D** • （遇到非偏好情景时）“你可以做什么来使自己感觉好些？”	深呼吸，数数，寻求帮助，休息，选择其他活动，等等
接受性职业 **S^D** • “摸……（职业）” • “摸那个……的人”	警官 / 抓坏人，消防员 / 灭火，医生 / 帮助患者，护士 / 帮助医生，邮递员 / 送信，老师 / 在学校教书，厨师 / 做饭，服务员 / 在餐厅提供食物，公共汽车司机 / 驾驶公共汽车，牙医 / 清洁牙齿，理发师 / 剪头发，保安 / 保证人们安全，士兵 / 为和平战斗
表达性职业 **S^D** • “这是谁？” • “（职业）做什么？” • “你在……可以看到谁（职业）？” • “你在哪里可以找到（职业）？” • “你什么时候和（职业）交谈？”	警官 / 抓坏人，消防员 / 灭火，医生 / 帮助患者，护士 / 帮助医生，邮递员 / 送信，老师 / 在学校教书，厨师 / 做饭，服务员 / 在餐厅提供食物，公共汽车司机 / 驾驶公共汽车，牙医 / 清洁牙齿，理发师 / 剪头发，保安 / 保证人们安全，士兵 / 为和平战斗
人员分类 **S^D** • 2D 分类 • “（人）是家人，朋友，社区帮手还是陌生人？”	将人们分为“家人”“朋友”“社区帮手”和“陌生人”

安全意识 S^D • “你可以……谁？” • “如果……你会怎么做？”	“你可以拥抱谁？” “你可以给谁一个吻？” “你可以在街上和谁说话？” “你可以向谁展示你的身体？” “你可以把你的电话号码给谁？” “如果在商场迷路了，你会怎么做？” “如果看到着火，你会怎么做？” “如果一个陌生人闯入你家，你会怎么做？” “如果你肚子疼，你会怎么做？” “如果在餐厅，你会怎么做？” “如果你牙疼，你会怎么做？”
等待 S^D • “等______分钟。”	等待的时间
年龄：5 ~ 6 岁	
教学计划	**目标**
独立 / 平行游戏	连锁拼图（50 ~ 100 片）
独立活动中心	最多 4 个中心 儿童应独立参与一项活动，在合适的时候，过渡并从事下一项活动
桌面 / 卡片游戏	麻烦，完美，初级拼字游戏，初级大富豪
心智理论 先备技能：情绪 S^D • “他 / 她为什么感到……？” • “你能做些什么让他 / 她感觉好些？”	理解第三方的观点
使用电话 S^D • 电话铃响 • “让我们打电话给……”	接电话 拨号并和别人通话 双向对话
年龄：6 岁以上	
教学计划	**目标**
独立 / 平行游戏	连锁拼图（超过 100 片）
桌面 / 卡片游戏	猜猜是谁，手术，战舰，大富豪，拼字游戏，生活，魔方，等等
领导力	领导小组 照顾年幼的孩子

社交线索 **S^D** • （展示姿势 / 社交提示）“它告诉你什么？”	
描述不适当行为 **S^D** • 展示不适当行为	距离太近，没有眼神接触，表现重复行为，跑题，等等
赞扬	赞扬别人的外表，语言或行为
解决问题 **S^D** • 给一个情景	
给建议 **S^D** • （分享一个问题）“你能给我建议吗？”	
同情 **S^D** • 表达困难	表示同情并提供安慰和保证
流畅的谈话	检查孩子是否不太安静，说话不太多，专注于话题，在适当时候结束对话，等等
尊重他人	尊重他人的信仰，行为或言论
表演	根据他的 / 她的角色和剧本表演
生活自理方面	
年龄：12 ～ 24 个月	
教学计划	**注释**
自己用手进食	
咀嚼食物	
用鸭嘴杯喝水	
用勺子	
用叉子	
脱袜子	
脱鞋	
拉开拉链	

年龄：2～3岁	
教学计划	**注释**
脱上衣	
脱裤子	
脱内衣	
擦拭溢出物	
旋转门把手	
洗手	
擦干手	

年龄：3～4岁	
教学计划	**注释**
排尿	
排便	
刷牙	
洗脸	
把衣服翻过来	
将鞋穿在正确的脚上	
夜里不尿床	
整理房间	
在街上手牵手	

年龄：4～5岁	
教学计划	**注释**
扣/解扣子	1英寸扣子，1/2英寸扣子，1/4英寸扣子
拉上拉链	
梳头	
使用黄油刀	
在浴室里清洁自己	
过马路前两边检查一下	
端庄得体	不在人前脱衣服，使用浴室时关门，等等
礼仪	擦嘴巴，咀嚼时闭嘴，使用礼貌语言（如“请”或“谢谢你”），敲门，等等

年龄：5～6岁	
教学计划	**注释**
做简单的饭	麦片，零食，饮料
家务	饭前/饭后擦桌子，摆桌子，给植物浇水，扫地，吸尘，照顾宠物，等等
年龄：6岁以上	
教学计划	**注释**
系鞋带	
管理金钱	查看余额，购买物品，找零钱，知道正确的价格，支付小费，等等
使用电脑收集信息	
个人卫生	摆放护发用品，化妆品，除臭剂，剃须用品，等等
使用电话	
锁门/开门/设置警报	
处理紧急情况	有人无反应，入室盗窃，事故，火灾，等等
在监督下做简单的饭	吐司，拌沙拉，煮鸡蛋，炒鸡蛋，等等

运动技能方面	
年龄：6～12个月	
教学计划	**注释**
躺下时翻身	
没有支撑可以坐着	
站起来	
支撑着可以行走	
单手拿一个小物品	
双手拿一个大物品	
年龄：1～2岁	
教学计划	**注释**
没有支撑可以行走	
没有支撑可以站着	
扔球	
跑	
踢球	

爬上游乐场设备	
上下楼梯	
匹配一样的	颜色，形状，字母，数字，物体
搭积木	
乱涂乱画	
模仿简单的大肌肉运动动作	
年龄：2 ~ 3 岁	
教学计划	**注释**
原地跳	
跳过物品	
单脚站立	
前空翻	
手部肌肉协调	指，握拳，张开手掌，和平手势，OK 手势，竖起大拇指
口腔肌肉协调	飞吻，伸出舌头，鼓起脸颊，咂嘴，噘嘴，咬牙，咬嘴唇
不完全相同的匹配 先备技能：简单物品匹配	
拧开罐子	
翻书	
模仿简单精细运动动作	
年龄：3 ~ 4 岁	
教学计划	**注释**
跑步时跳过物品	
骑三轮车	
一只脚跳	
画画	直线和简单的形状（圆形，正方形）
年龄：4 ~ 5 岁	
教学计划	**注释**
玩捉人游戏	
自己荡秋千	
蜡笔和铅笔的三抓握	
画画	简单的画（简笔画，房屋，树木，等等）

涂色	
剪出简单的形状	
简单的艺术项目	绘图，涂色，切割，黏合，等等
橡皮泥	使用橡皮泥制作形状和物品
年龄：5 岁以上	
教学计划	**注释**
骑有 / 无辅助轮的自行车	
画画	场景和事件
写信 / 电子邮件	
高级艺术项目	建筑，绘画，等等

参考文献

Ayllon, T. & Azrin, N. H. (1968). *The token economy*. New York: Appleton

Baer, D.M., Wolf, M. M., & Risley, T. R. (1968). Some current dimensions of applied behavior analysis. *Journal of Applied Behavior Analysis*, 1, 91-97.

Barbera, M., & Rasmussen, T. (2007). *The verbal behavior approach: How to teach children with autism and related disorders.* London: Jessica Kinsley Publishers.

Bostow, D., & Murdock, K. (2016). Science of behavior. Retrieved from http://www.scienceofbehavior.com

Cooper, J. O., Heron, T. E., & Heward, W. L. (2006). *Applied Behavior Analysis* (2nd ed.). Upper Saddle River, NJ: Pearson Prentice Hall.

Falcomata, T., Roane, H., Hovanetz, A., Kettering, T., & Keeney, K. (2004). An evaluation of response cost in the treatment of inappropriate vocalizations maintained by automatic reinforcement. *Journal of Applied Behavior Analysis,* 1, 83-87.

Ferraioli, S., Hughes, C., & Smith, Tristram. (2005). A model for problem solving in discrete trial training for children with autism. *Journal of Early Intensive Behavioral Intervention*

Foxx, R. M., & Bechtel, D. R. (1983). Overcorrection: A review and analysis. In S. Axelrod & J. Apsche (Eds.), *The effects of punishment on human behavior*, (pp. 133-220). New York: Academic.

Harris, S. L., & Weiss, M. J. (2007). *Right from the start: Behavioral interventions for young children with autism.* Bethesda, MD: Woodbine House.

Iawata, B. A., & Bailey, J. S. (1974). Reward versus cost token system: An analysis of the effects on students and teacher. *Journal of Applied Behavior Analysis*, 7, 567-576.

Iwata, B.A., Pace, G., Dorsey, M., Zarcone, J., Vollmer, T., Smith, R., Rodgers, T., et al (1994). The functions of self-injurious behavior: An experimental-epidemiological analysis. *Journal of Applied Behaviour Analysis*, *27*, 215-240. DOI:10.1901/jaba.1994.27-215

Leaf, R., McEachin, J. (1999). *A Work in Progress*. New York, NY: DRL Books, L.L.C., 131-148

Lovaas, O. I. (2003). *Teaching individuals with developmental delays. Basic intervention techniques.* Austin, TX: Pro-Ed.

Maag, J. W. (2017). *Behavior management: from theoretical implications to practical applications* (3rd ed.). Boston, MA: Cengage Learning, 271

Maurice. C, Green. G, & Luce S. (1996). *Behavior intervention for young children with autism.* Austin, TX: Pro-Ed, Inc.

Michael, J. (1982). *Distinguishing between discriminative and motivational functions of stimuli. Journal of Experimental Analysis of Behavior, 37*, 149-155.

Millenson, J. R. (1967). *Principles of behavior analysis.* New York: Macmillan.

O'Neill, R., Horner, R., Albin, R., Sprague, J., Storey, K., & Newton, J. (1997). *Functional Assessment and Programme Development for Problem Behaviour: A Practical Handbook.* Pacific Grove, CA. Brooks/Cole Publishing Company.

Partington, J.W. (2006a). *The assessment of basic language and learning skills (ABLLS-R).* New York, NY: DRL Books.

Premack, D. (1959). Toward Empirical Behavior Laws I. : Positive Reinforcement. *Psychological review*, 219-229

Thurlow, M. L., McGrew, K. S., Tindel, G., Thompson, S. L., Ysseldyke, J. E., & Elliott, J. L., (2000, December) *Assessment Accommodations Research: Considerations for Design and Analysis.* Retrieved from https://nceo.info/Resources/publications/Onlinepubs/Technical26.htm

Whaley, D.L., & Surratt, S. L. (1967). *Attitudes of science.* Iowa: Brown.

中英文词汇对照

A

ABC recording　ABC 记录

Abscissa　横坐标

Abolishing operation，AO　消除操作

Acceleration target　加速目标

Access-based behavior　基于得到的行为

Access condition　得到条件

Aim star　目标星

Alone condition　独处条件

Alternating treatment design　交替处理设计

Alternative schedule　交替计划表

Analytic　分析的

Antecedent　前事

Antecedent interventions　前事干预

Applied　应用的

Attention/access-based extinction　基于注意力或得到的消退

Attention-based behavior　基于注意力的行为

Attention condition　注意力条件

Attitudes of science　科学的态度

Artifact　人为结果

B

Backup reinforcer　后备强化物

Backward chaining　逆向连锁

Backward chaining with leap aheads　跳跃式逆向连锁

Bar graph　柱状图

Baseline　基线

Behavior　行为

Behavior measurement　行为的测量
Behavioral　行为的
Behavioral contract　行为契约
Behavioral momentum　行为动量
Behavioral recording　行为记录
Bonus response cost　红利反应代价

C

Chained schedule　连锁计划表
Chaining　连锁
Changing criterion design　逐变标准设计
Classical conditioning　经典制约
Compound schedules of reinforcement　复合强化计划表
Conceptually systematic　概念系统化的
Concurrent schedule　同步计划表
Condition change line　条件变更线
Conditioned motivating operation，CMO　制约动机操作
Conditioned response　制约反应
Conditioned stimulus　制约刺激
Confounding variable　混淆变项
Conjunctive schedule　结合计划表
Consequence　后果
Contingency contract　后效契约
Contingency-shaped behavior　后效塑造行为
Contingent exercise　后效练习
Contingent observation　后效观察
Continuous schedule of reinforcement，CRF　连续强化计划表
Count　计数
Copy a text　复制文本
Cumulative graph　累计图

D

Data path　数据路径
Data point　数据点

Deceleration target　减速目标
Dependent group contingency　依赖型团体后效
Dependent variable　依变项
Determinism　决定论
Differential reinforcement　区别性强化
Differential reinforcement of alternative behaviors，DRA　区别性强化替代行为
Differential reinforcement of diminishing rates，DRD　区别性强化逐渐降低反应率
Differential reinforcement of high rates of behaviors，DRH　区别性强化高频率行为
Differential reinforcement of incompatible behaviors，DRI　区别性强化不兼容行为
Differential reinforcement of low rates of behaviors，DRL　区别性强化低频率行为
Differential reinforcement of other behaviors，DRO　区别性强化其他行为
Dimensions of ABA　ABA 的维度
Direct observation　直接观察
Direct verbal prompt　直接语言辅助
Discrete trial instruction，DTI　回合式操作指导
Discrete trial training，DTT　回合式操作训练
Discrimination training　区辨训练
Discriminative stimulus，S^D　区辨刺激
Distractor　干扰物品
Distractor trial　干扰回合
Duration　持续时间
Duration recording　持续时间记录

E

Echioc　仿说
Effective　有效的
Empiricism　实证论
Escape-based behavior　基于逃避的行为
Escape condition　逃避条件
Escape extinction　基于逃避的消退
Establishing operation，EO　建立操作
Event recording　事件记录
Exact count per interval IOA　准确每时距计数 IOA
Exclusion time out　移除式隔离

Expanded trial　扩展回合

Experimental designs　实验设计

Experimentation　实验法

External validity　外部效度

Extinction　消退

Extinction burst　消退爆发

F

Fixed interval schedule of reinforcement　固定时距强化计划表

Fixed ratio schedule of reinforcement　固定比率强化计划表

FI-scallop effect　FI 扇贝效果

Formal similarity　形式相似性

Forward chaining　正向连锁

Four-term contingency　四期后效关联

Free operant observation　自由操作观察

Free play condition　自由玩耍条件

Frequency　频率

Full physical prompt　全肢体辅助

Functional analysis　功能分析

Functional behavioral assessment，FBA　功能行为评估

Functional communication training　功能性沟通训练

Functions of behavior　行为的功能

G

Generality　泛化性

Generalization　泛化

Gestural prompt　姿势辅助

Graph　图表

Group contingency　团体后效

H

Hallway time out　走廊隔离

Hero procedure　英雄程序

High-probability request sequence　高几率要求序列

I

Independent group contingency　独立型团体后效
Independent variable　自变项
Indirect assessment　间接评估
Indirect verbal prompt　间接语言辅助
Interdependent group contingency　互赖型团体后效
Intermittent schedule of reinforcement　间歇强化计划表
Internal validity　内在效度
Interobserver agreement，IOA　观察者间一致性
Interresponse time，IRT　反应间时间
Inter-trial interval　回合间时距
Interval by interval IOA　逐一时距比较 IOA
Interval recording　时距记录
Interval schedule with a limited hold　限时保留时距强化计划表
Intraverbal　对话

L

Line graph　线性图

M

Magnitude　强度
Mand　提要求
Mass trial　集中回合
Mean count per interval IOA　平均每时距计数 IOA
Mean duration per occurrence IOA　平均每个行为持续时间 IOA
Mixed schedule　混合计划表
Modeling prompt　示范辅助
Momentary time sampling　瞬间时间取样
Motivating operation，MO　动机操作
Multiple baseline design　多重基线设计
Multiple schedule　多重计划表
Multiple schedule design　多重计划表设计
Multiple stimulus with replacement preference assessment，MSW　多重刺激有替换偏好物评估

Multiple stimulus without replacement preference assessment，MSWO　多重刺激无替换偏好物评估

N

Negative practice　负向练习

Negative punishment，S^{P-}　负惩罚

Negative reinforcement，S^{R-}　负强化

Neutral stimulus　中性刺激

Noncontingent reinforcement，NCR　非后效强化

Non-exclusion time out　非移除式隔离

O

Observer drift　观察者偏移

Ordinate　纵坐标

Operant behavior　操作型行为

Operant conditioning　操作制约

Over-generalization　过度泛化

P

Paired stimulus preference assessment　成对刺激偏好物评估

Parsimony　简约法则

Partial interval recording　部分时距记录

Partial physical prompt　部分肢体辅助

Partial verbal prompt　部分语言辅助

Partition time out　隔板式隔离

Pavlovian conditioning　巴甫洛夫制约

Permanent product　永久性产品

Philosophic doubt　哲学存疑

Planned activity check，PLACHECK　计划式活动检核

Planned ignoring　计划性忽略

Point-to-point correspondence　点对点对应

Positional prompt　位置辅助

Positive practice　正向练习

Positive punishment，S^{P+}　正惩罚

Positive reinforcement，S^{R+}　正强化
Post-reinforcement pause　强化后停顿
Preference assessment　偏好物评估
Premack principle　普墨克原则
Prompt　辅助
Punishment　惩罚

R

Random rotation　随机轮换
Rate　比率
Ratio strain　比率张力
Reactivity　反应化
Record ceiling　记录上限
Record floor　记录下限
Reflexive CMO，CMO-R　反身制约动机操作
Reflexivity　反射
Reinforcement　强化
Replication　复制
Reprimands　谴责
Resistance to extinction　消退抗拒
Respondent behavior　反应型行为
Respondent conditioning　反应制约
Response　反应
Response blocking　反应阻挡
Response cost　反应代价
Response generalization　反应泛化
Response latency　反应延宕
Restitutional overcorrection　复原的过度矫正
Reversal design　倒返设计
Rule governed behavior　受规则管理的行为

S

Scatterplot　散点图
Schedule of reinforcement　强化计划表

Scored interval IOA　记分时距 IOA
Semilogarithmic chart　半对数图
Sensory-based behavior　基于感官的行为
Sensory extinction　基于感官的消退
Shaping　塑造
Simultaneous treatment design　同时治疗设计
Single stimulus preference assessment　单一刺激偏好物评估
Single subject design　单一受试设计
Skill program checklist　技能计划清单
Social validity　社会效度
Spontaneous recovery　自发性恢复
Standard celeration chart　标准速线图
Stimulus delta，S^{Δ}　干扰刺激
Stimulus generalization　刺激泛化
Stimulus equivalence　刺激等同
Surrogate CMO，CMO-S　代理制约动机操作
Symmetry　对称

T

Tact　命名
Taking dictation　听写
Tandem schedule　联结计划表
Task analysis　任务分析
Technological　技术的
Textual　逐字读
Time measurement　时间测量
Time out　隔离（罚时出局）
Time out ribbon　隔离丝带
Time out room　隔离室
Token　代币
Token board　代币板
Token economy　代币制
Topography　形态
Total count IOA　总计数 IOA

Total duration IOA　总持续时间 IOA

Total task　全工作连锁

Transcription　转录

Transitive CMO，CMO-T　转移制约动机操作

Transitivity　转移

Trial by trial IOA　逐一尝试比较 IOA

Trials-to-criterion　达到标准的尝试数

U

Unconditioned motivating operation，UMO　非制约动机操作

Unconditioned response　非制约反应

Unconditioned stimulus　非制约刺激

Unscored interval IOA　非记分时距 IOA

V

Variable interval schedule of reinforcement　可变时距强化计划表

Variable ratio schedule of reinforcement　可变比率强化计划表

Verbal behavior　语言行为

Visual prompt　视觉辅助

W

Whole interval recording　全时距记录

Within stimulus prompt　刺激内辅助

X

X-axis　*x* 轴

Y

Y-axis　*y* 轴